Grafik   Foto
ClipArt   Zeignen
Tabelle
Formen (Grupieren)
   Titel Layout
SmartArt   Hierardie
Diagramm.
          Ebenen.
torterter

Greces
cuando
te
Fidolgo
Si
Donni
 Ernesto.

Microsoft
PowerPoint 2010

Begleitheft

Mazda RX-8
   NISSAN GT-R

Verlag:
BILDNER Verlag GmbH
Neuburger Straße 108
94036 Passau

http://www.bildner-verlag.de
info@bildner-verlag.de

Tel.: +49 851-6700
Fax: +49 851-6624

ISBN: 978-3-8328-0039-0

Covergestaltung:
Christian Dadlhuber

Lektorat:
Bruno Baumeister, Inge Baumeister, MMTC Multi Media Trainingscenter GmbH

Herausgeber:
Christian Bildner

© 2013 BILDNER Verlag GmbH, Passau

Unsere Bücher werden auf FSC-zertifiziertem Papier gedruckt.

Das FSC-Label auf einem Holz- oder Papierprodukt ist ein eindeutiger Indikator dafür, dass das Produkt aus verantwortungsvoller Waldwirtschaft stammt. Und auf seinem Weg zum Konsumenten über die gesamte Verarbeitungs- und Handelskette nicht mit nicht-zertifiziertem, also nicht kontrolliertem, Holz oder Papier vermischt wurde. Produkte mit FSC-Label sichern die Nutzung der Wälder gemäß den sozialen, ökonomischen und ökologischen Bedürfnissen heutiger und zukünftiger Generationen.

INHALTSVERZEICHNIS

Vorwort

Wozu verwenden Sie PowerPoint?
Kaum ein Vortrag, der inzwischen nicht von einer PowerPoint-Präsentation beglei-
tet wird. Microsoft PowerPoint ist eines der beliebtesten und bekanntesten Programme, wenn es darum geht, beispielsweise ein Produkt, eine Firma oder einen
Verein wirkungsvoll zu präsentieren. PowerPoint unterstützt die Erstellung profes-
sioneller Präsentationen mit einer Vielzahl von integrierten Vorlagen und Layouts.
Zur weiteren Gestaltung können Grafiken, Bilder, Videos, Tabellen und Diagramme eingefügt und mit Animationseffekten versehen werden.

Seit Version 2007 verfügt PowerPoint über eine völlig neue Arbeitsoberfläche, die
mit der aktuellen Version 2010 weiterentwickelt wurde.

An wen wendet sich dieses Buch?
Dieses Buch ist in erster Linie als begleitende Schulungsunterlage konzipiert. Es
vermittelt nicht nur Einsteigern, sondern auch Anwendern die bereits über erste
Erfahrungen mit diesem Programm verfügen, das nötige Wissen um die vielfältigen Möglichkeiten von PowerPoint sicher und effizient zu nutzen.

Welche Kenntnisse sollten Sie mitbringen?
Die Schulungsunterlage setzt allgemeine Kenntnisse im Umgang mit Maus und
Tastatur, sowie mit der Benutzeroberfläche des Windows-Betriebssystems voraus.
Dazu gehört auch der Umgang mit Dateien und Ordnern. Sie sollten wissen, wie
Sie Programme starten und beenden, den Umgang mit Fenstern und Taskleiste
beherrschen, sowie Dateien speichern und wieder öffnen können.

Kenntnisse im Umgang mit den Microsoft-Office-Programmen Word und Excel
sind zwar nicht zwingend erforderlich, aber vorteilhaft, da sich in eine PowerPoint-
Präsentation problemlos Excel-Tabellen und Diagramme einfügen lassen. Auch für
die Erstellung und Bearbeitung von PowerPoint-Diagrammen sind Excel-
Kenntnisse nützlich.

Schreibweise
Befehle, Schaltflächen und die Beschriftung von Dialogfenstern sind zur besseren
Unterscheidung in Kapitälchen gesetzt, Beispiel: Register START, Gruppe ABSATZ.

Verwendete Symbole:

Symbol	Bedeutung
	Dieses Symbol steht für allgemeine und zusammenfassende Informatio- nen.
	Wichtige Sachverhalte, die Sie beachten sollten sind mit diesem Symbol gekennzeichnet.
	Die Lupe vermittelt Ihnen detaillierte Informationen sowie besondere Tipps für fortgeschrittene Benutzer.
	Dieses Symbol warnt Sie vor möglichen Fehlern.

1. Die Arbeitsumgebung von PowerPoint

- Arbeitsumgebung und Befehlseingabe
- Die verschiedenen Ansichten von PowerPoint

- Grundlagen des Betriebssystems Windows

Ziel einer PowerPoint-Präsentation ist es, Vorträge visuell zu unterstützen, nicht nur durch abstrakte Worte, sondern auch mit Hilfe von Bildern, Diagrammen und Symbolen. Eine gute optische Darstellung verkürzt Ihren Vortrag und verdeutlicht anschaulich wichtige Sachverhalte.

Die Arbeitsweise mit einem Präsentationsprogramm unterscheidet sich in einigen Punkten von der Arbeit mit einem Textverarbeitungsprogramm wie beispielsweise Microsoft Word. Wichtigstes Element einer PowerPoint-Präsentation sind die einzelnen Folien, sie bilden die "Seiten" Ihrer Präsentation. Zu den Folien können Sie noch Notizenseiten hinzufügen oder aus den Folien Handzettel für die Zuhörer erstellen. Auf Handzetteln können mehrere verkleinerte Folien zusammengefasst und gedruckt werden.

1.1. Die Programmoberfläche

Die Titelleiste des Anwendungsfensters enthält den Namen des Programms zusammen mit dem Namen der geöffneten Präsentation, sowie ganz rechts die Schaltflächen zum Steuern der Fensterdarstellung und zum Schließen des Fensters.

Die Bedeutung der Symbole:

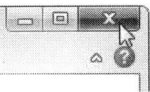 Mit einem Mausklick auf das Symbol SCHLIEßEN beenden Sie PowerPoint. Da dabei nicht gespeicherte Daten verloren gehen können, sollten Sie zuvor Ihre Eingaben speichern.

PowerPoint beenden

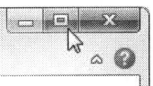 Mit einem Mausklick auf dieses Symbol wechselt das gesamte Fenster zwischen beliebiger Fenstergröße (VERKLEINERN) und Vollbildmodus (MAXIMIEREN).

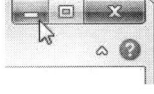 Mit dem Symbol MINIMIEREN können Sie das geöffnete Fenster auf die Größe einer Schaltfläche in der Taskleiste reduzieren. Mit einem Mausklick auf die Schaltfläche stellen Sie das ursprüngliche Fenster wieder her, die Anwendung wird nicht geschlossen.

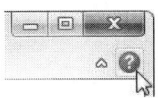 Unmittelbar darunter können Sie über das Fragezeichen-Symbol oder mit der Taste F1 die Hilfefunktion aufrufen.

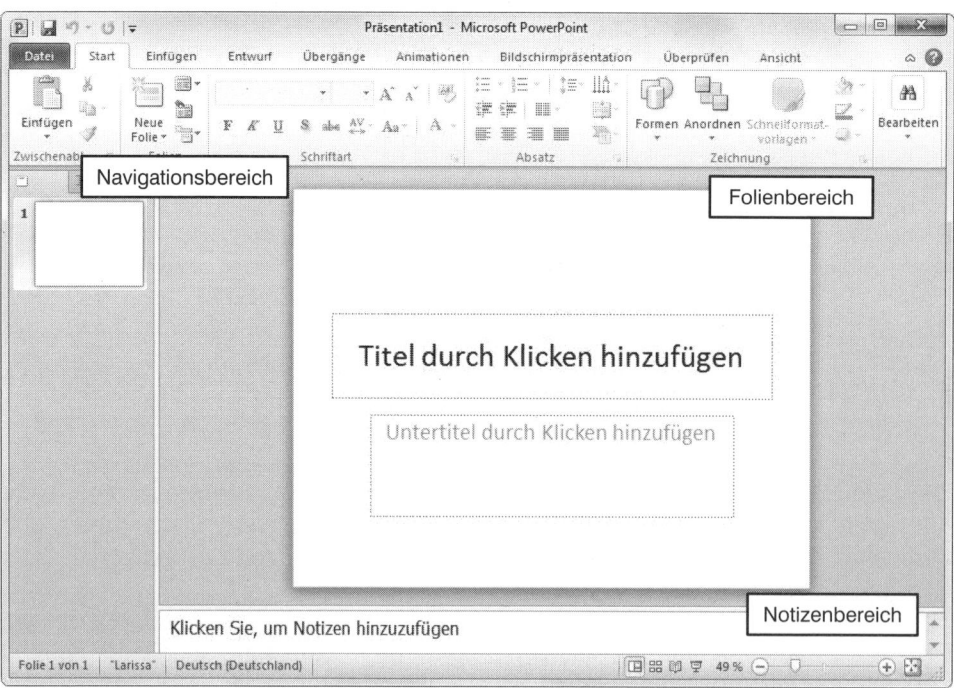

Das PowerPoint-Anwendungsfenster

Der Arbeitsbereich

Folienbereich

Nach dem Starten von PowerPoint sehen Sie eine leere Präsentation, genauer gesagt die erste Folie einer neuen Präsentation, vor sich. Sie könnten also sofort mit der Arbeit beginnen. Diese Bildschirmansicht wird auch als Normalansicht bezeichnet und besteht eigentlich aus drei Bereichen. Die Folie nimmt den größten Teil des Fensters ein.

> Als Folien werden die einzelnen Seiten einer Präsentation bezeichnet, unabhängig davon, ob die Präsentation später mit PC und Beamer oder einem Overhead-Projektor vorgeführt wird.

Notizenbereich

Unterhalb der Folie ist noch ein Notizenbereich sichtbar. Hier können Sie kurze Anmerkungen zu jeder Folie eingeben und bei Bedarf später auch zusammen mit den Folien ausdrucken. Klicken Sie einfach in diesen Bereich und geben Sie Ihre Anmerkungen über die Tastatur ein. Diese sind während der Präsentation nicht sichtbar!

Notizenbereich

Navigationsbereich

Der linke Bereich dient zur Navigation innerhalb der Präsentation. Mit einem Mausklick wählen Sie, welche Folie im Arbeitsbereich angezeigt und bearbeitet werden soll. Die Folien wer-

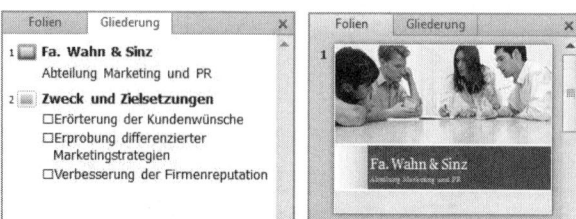

den entweder als Miniaturansicht oder in Form einer Gliederung dargestellt. Zwischen den Bereichen wechseln Sie mit dem Register oberhalb der Folien.

Bereiche vergrößern/verkleinern

Jeder dieser Bereiche kann mit der Maus beliebig vergrößert oder verkleinert werden: zeigen Sie mit der Maus auf die Trennlinie und achten Sie auf den Mauszeiger. Sobald anstelle des Mauszeigers ein Doppelpfeil sichtbar wird, ziehen Sie die Trennlinie mit gedrückter linker Maustaste in die gewünschte Richtung.

Der Mauszeiger

Statuszeile

Weitere Symbole sowie wichtige Hinweise finden Sie in der Statuszeile am unteren Rand des Bildschirms.

Die Elemente der Statuszeile:

Element	Bedeutung
Folie 1 von 1	Nummer der aktuellen Folie sowie die Gesamtzahl der Folien
"Larissa"	Verwendetes Design
Deutsch (Deutschland)	Eingestellte Sprache der Rechtschreibprüfung
⊞ 🔡 📖 🖵	Wechsel zwischen den Ansichten NORMAL, FOLIENSORTIERUNG, LESEANSICHT und BILDSCHIRMPRÄSENTATION
100 % ⊖ ▯ ⊕	Zoomfaktor
🔲	Folie an das aktuelle Fenster anpassen

1.2. Befehlseingabe

Menüband

Wie die Vorgängerversion PowerPoint 2007 unterscheidet auch PowerPoint 2010 nicht mehr zwischen Menüzeile und Symbolleisten, die gesamte Befehlseingabe erfolgt über das Menüband (engl. ribbon) im oberen Bereich des Anwendungsfensters.

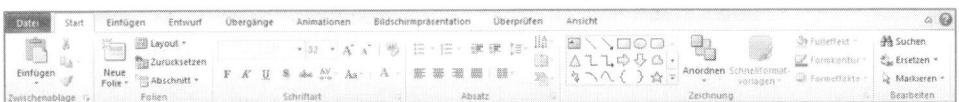

Das Menüband fasst Befehle nach Aufgaben zusammen, diese können über Registerkarten schnell aufgerufen werden. So enthält etwa das Register START grundlegende, allgemeine Schaltflächen, beispielsweise zum Formatieren von Text. Die Schaltflächen erscheinen, wenn Sie mit der Maus auf das entsprechende Register klicken. Neben den Standardregistern verfügt PowerPoint auch noch über weitere Register, etwa zur Bearbeitung von eingefügten Grafiken. Diese sind nur dann sichtbar, wenn ein entsprechendes Element markiert ist.

Das Menüband fasst Aufgaben zu Gruppen zusammen

Einige Register werden nur bei Bedarf angezeigt

Innerhalb der Register sind die Schaltflächen nach Gruppen geordnet, so finden Sie beispielsweise im Register START die Gruppe SCHRIFTART zur Schriftgestaltung. Benötigen Sie nähere Informationen zu einer Schaltfläche, so zeigen Sie mit der Maus auf das Symbol und ein kurzer Infotext erscheint. Über einige der Schaltflächen sind weitere Befehle verfügbar, Sie erkennen diese Schaltflächen an einem kleinen, nach unten weisenden Dreieck. (Dropdown- oder Auswahlpfeil).

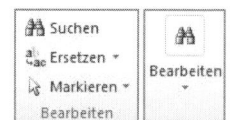

Darstellung ist abhängig von der Fenstergröße

Beachten Sie auch, dass die Darstellung und Größe einiger Gruppen sowie der Schaltflächen von der Größe des PowerPoint-Fensters abhängig ist. So werden auf kleineren Bildschirmen, bzw. in einem kleineren Fenster, die Befehle mancher Gruppen unter einer einzigen Schaltfläche zusammengefasst und erscheinen erst nach einem Mausklick auf den Dropdown-Pfeil. In einem maximierten Fenster, bzw. bei einem größeren Bildschirm, sind dagegen mehr Schaltflächen auf den ersten Blick sichtbar, einige können auch größer dargestellt sein.

Beispiel: Die Schaltflächen und Befehle der Gruppe BEAR-BEITEN im Register START in unterschiedlicher Darstellung.

Befehle in einem Dialogfenster öffnen

Über dieses Symbol öffnen Sie ein Dialogfenster mit allen Befehlen

Neben manchen Gruppenbezeichnungen finden Sie ein kleines Symbol. Damit können Sie mit einem Mausklick alle Befehle der Gruppe in einem zusammenfassenden Dialogfenster aufrufen. Dies ist nützlich, wenn Sie aus einer Gruppe nacheinander gleich mehrere Befehle benötigen.

Menüband minimieren

Menüband minimieren

Sie können bei Bedarf das Menüband minimieren um mehr Platz für den Arbeitsbereich zu schaffen. So sind nur noch die Namen der Registerkarten sichtbar, die dazugehörigen Schaltflächen erscheinen erst, wenn Sie auf das Register klicken. Klicken Sie dazu auf die Schaltfläche MENÜBAND MINIMIEREN.

Soll das Menüband wieder dauerhaft eingeblendet werden, so genügt ein Doppelklick auf ein beliebiges Register oder ein erneuter Mausklick auf die Schaltfläche, mit der Sie das Menüband minimiert haben. Als Alternative können Sie auch das Kontextmenü verwenden: klicken Sie dazu mit der rechten Maustaste auf ein beliebiges Register und wählen Sie MENÜBAND MINIMIEREN.

Tasten statt Schaltflächen verwenden

Alt-Taste zeigt die Tasten an

Als Alternative zur Maus können die Register und Befehlsschaltflächen auch über die Tastatur aufgerufen werden. Nach dem Drücken der Alt-Taste zeigt das Menüband die entsprechenden Tasten an. Mit einem erneuten Druck auf die Alt-Taste werden die Beschriftungen wieder ausgeblendet.

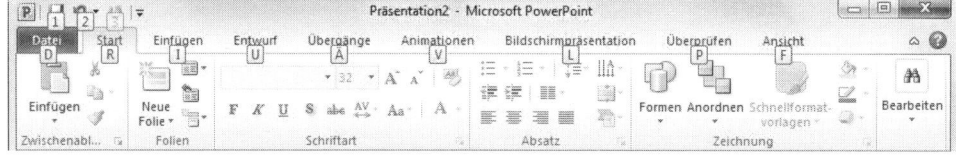

Register mit der Tastatur aufrufen

Symbolleiste für den Schnellzugriff

Symbolleiste für den Schnellzugriff anpassen

Zusätzlich zum Menüband steht Ihnen im oberen linken Bereich des Fensters die SYMBOLLEISTE FÜR DEN SCHNELLZUGRIFF zur Verfügung, die Sie nach Belieben anpassen, d.h. um weitere Schaltflächen ergänzen können. Klicken Sie dazu auf die Schaltfläche SYMBOLLEISTE FÜR DEN SCHNELLZUGRIFF ANPASSEN und wählen Sie die gewünschten Befehle.

Mit einem Mausklick auf den Eintrag WEITERE BEFEHLE… öffnen Sie ein Dialogfeld mit allen verfügbaren Schaltflächen.

Zum Entfernen einer Schaltfläche aus der Symbolleiste deaktivieren Sie den Befehl durch erneutes Klicken auf den jeweiligen Menüeintrag wieder.

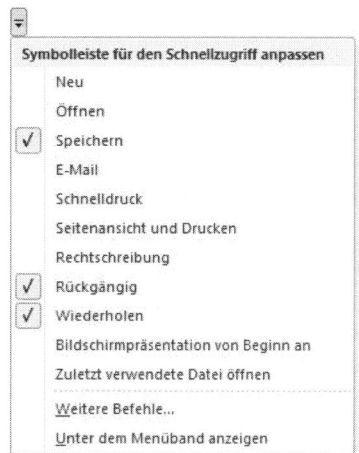

Rückgängig, Wiederholen und Wiederherstellen

Die meisten Bearbeitungsschritte, wie versehentliches Löschen, können in PowerPoint wieder rückgängig gemacht werden. Klicken Sie dazu auf die Schaltfläche RÜCKGÄNGIG in der Symbolleiste für den Schnellzugriff. Mehrere Schritte können Sie durch wiederholtes Klicken auf die Schaltfläche rückgängig machen.

RÜCKGÄNGIG

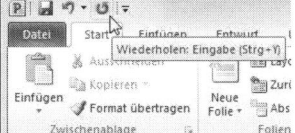

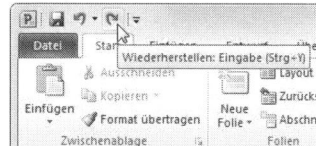

RÜCKGÄNGIG WIEDERHOLEN WIEDERHERSTELLEN

Genauso ist es möglich, einen Bearbeitungsschritt, beispielsweise das Betätigen der Entf-Taste, zu wiederholen. Mit jedem Klick auf die Schaltfläche WIEDERHOLEN wird so beispielsweise in einem Textfeld ein weiteres Zeichen rechts des Cursors gelöscht.

Letzten Bearbeitungsschritt WIEDERHOLEN

Haben Sie zu viele Schritte rückgängig gemacht, bzw. wollen Sie die zuvor rückgängig gemachten Aktionen wiederherstellen, dann verwenden Sie die Schaltfläche WIEDERHERSTELLEN.

WIEDERHERSTELLEN

Das Symbol WIEDERHERSTELLEN erscheint nur nach dem Rückgängig-Machen eines Bearbeitungsschrittes, das Symbol WIEDERHOLEN nach jeder anderen Aktion.

Weitere Möglichkeiten der Befehlseingabe

Weitere Möglichkeiten der Befehlseingabe sind das Kontextmenü, Tastenkombinationen (Shortcuts) sowie Smarttags.

Kontextmenü

Das Kontextmenü erscheint, wenn Sie mit der rechten Maustaste klicken. Die Befehle des Menüs beziehen sich ausschließlich auf den angeklickten Bereich.

Rechte Maustaste

Tastenkombinationen

Funktionstasten und Tastenkombinationen sind für fortgeschrittene Benutzer eine Möglichkeit, schnell häufig verwendete Befehle auszuführen. Welche Tastenkombinationen Sie verwenden können, erfahren Sie am einfachsten in der PowerPoint-Hilfe: klicken Sie in der rechten oberen Ecke des PowerPoint-Fensters auf das Hilfe-Symbol und geben Sie anschließend den Suchbegriff "Tasten" oder "Tastenkombination" in das Suchfeld ein und klicken Sie auf SUCHEN.

Hilfe zu Tastenkombinationen aufrufen

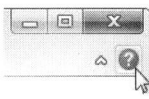

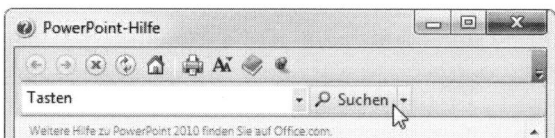

Smarttags

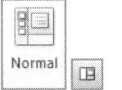

Unmittelbar nach bestimmten Aktionen, beispielsweise dem Einfügen von zuvor kopierten Elementen, erscheint am Zielort ein kleines Symbol, ein Smarttag, und bietet verschiedene Optionen an. Zum Anzeigen der Optionen klicken Sie einfach auf das Symbol. Smarttags verschwinden automatisch wieder nach dem nächsten Befehl.

1.3.   Bildschirmansichten

Zum Bearbeiten einer Präsentation stehen mehrere Ansichten zur Verfügung.

Ansichten wechseln

Zum schnellen Wechseln zwischen den wichtigsten Ansichten verwenden Sie die Schaltflächen am rechten Rand der Statusleiste. Eine zweite Möglichkeit bietet das Register ANSICHT mit der Gruppe PRÄSENTATIONSANSICHTEN.

Die Ansicht Normal

Normal

Standardmäßig zeigt PowerPoint nach dem Starten die Ansicht NORMAL an. Dies ist die Ansicht, in der Sie eine Präsentation, genauer gesagt die Folien einer Präsentation bearbeiten.

Beispiel: Präsentation in der Ansicht NORMAL

Normalansicht wiederherstellen

Sollten Sie in der Normalansicht versehentlich den Navigationsbereich mit einem Mausklick auf die SCHLIEßEN-Schaltfläche geschlossen haben, dann wechseln Sie über die Statusleiste oder das Register ANSICHT, Gruppe PRÄSENTATIONSANSICHTEN erneut in die Ansicht NORMAL, es erscheint wieder die vollständige Normalansicht.

Die Ansicht Bildschirmpräsentation

Die Ansicht BILDSCHIRMPRÄSENTATION zeigt alle Folien im Vollbild an und wird zum Vorführen der Präsentation verwendet. Im Register BILDSCHIRMPRÄSENTATION, Gruppe BILDSCHIRMPRÄSENTATION STARTEN finden Sie zwei Schaltflächen, um die Präsentation zu starten. Mit der Schaltfläche VON BEGINN AN bzw. der Taste F5 auf der Tastatur starten Sie die Präsentation mit der ersten Folie, mit der Schaltfläche AB AKTUELLER FOLIE bzw. der Schaltfläche in der Statusleiste wird die Präsentation mit der Folie gestartet, die gerade angezeigt wird.

Mit der Esc-Taste können Sie die Bildschirmpräsentation jederzeit unterbrechen und in die vorherige Ansicht zurückkehren.

In der Präsentationsansicht bewegen

Siehe auch Lektion 9, Bildschirmpräsentation vorführen

Befehl	Tasten
Nächste Folie	Linke Maustaste Mausrad nach unten Eingabe-Taste Pfeiltaste rechts bzw. unten Bildschirmseite nach unten
Vorherige Folie	Mausrad nach oben Pfeiltaste links bzw. oben Bildschirmseite nach oben
Beenden	Esc-Taste

Weitere Ansichten

Foliensortierung

Einen Überblick über Ihre Präsentation erhalten Sie mit der Ansicht FOLIENSORTIERUNG. Diese zeigt alle Folien in einer Miniaturansicht, mit einem Doppelklick auf eine Folie gelangen Sie wieder zur Ansicht NORMAL mit der gewählten Folie. Zum Sortieren der Folien markieren Sie eine Folie und ziehen Sie sie mit gedrückter linker Maustaste an die gewünschte Position.

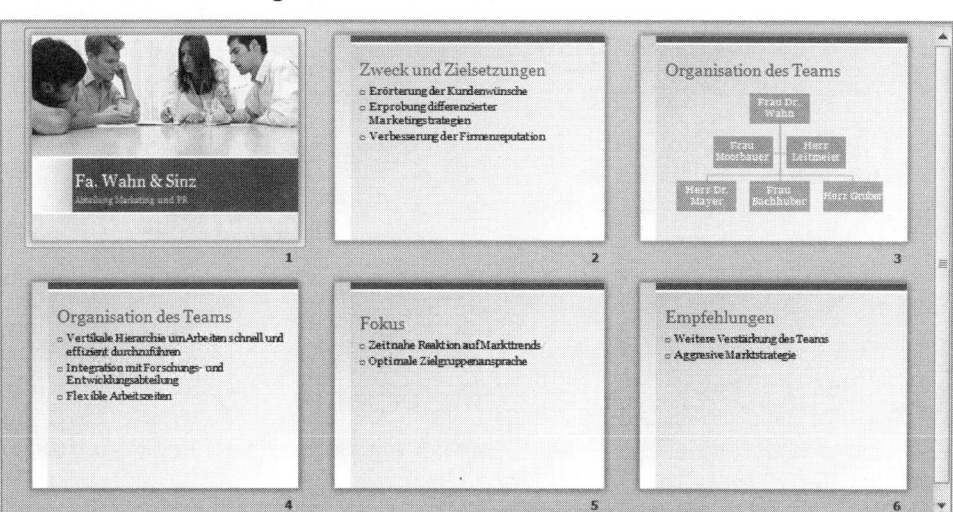

Beispiel: Präsentation in der Ansicht FOLIENSORTIERUNG

Siehe Lektion 9.2,
Notizen drucken

Notizenseite

Notizen, die Sie während der Erstellung der Präsentation in den Notizenbereich eingegeben haben können Sie zusammen mit den Folien auf so genannten NOTIZENSEITEN anzeigen bzw. bearbeiten. Diese Seiten können bei Bedarf auch ausgedruckt werden.

Begrüßung, Vorstellung, Tagesordnung

Leseansicht

Die LESEANSICHT entspricht der Ansicht BILDSCHIRMPRÄSENTATION, wird jedoch nicht im Vollbildmodus sondern innerhalb des PowerPoint-Fensters ausgeführt. Sie eignet sich daher besonders gut, um schnell einzelne Folien ohne die störende Arbeitsumgebung von PowerPoint zu kontrollieren. Zur Navigation innerhalb der Präsentation können Sie die gleichen Tasten wie in der Ansicht BILDSCHIRMPRÄSENTATION verwenden, zusätzlich blendet PowerPoint in der Statuszeile Navigationsschaltflächen ein.

Register ANSICHT,
Gruppe ZOOM

Anzeige zoomen

Um die Präsentation in den Ansichten NORMAL, FOLIENSORTIERUNG und NOTIZENSEITE auf dem Bildschirm vergrößert bzw. verkleinert darzustellen (zoomen), finden Sie in der unteren rechten Ecke des Anwendungsfensters in der Statusleiste einen kleinen Schieberegler. Standardmäßig passt sich die Einstellung der Größe des Anwendungsfensters an, zum Vergrößern oder Verkleinern ziehen Sie den Regler mit gedrückter linker Maustaste in die gewünschte Richtung oder klicken mehrmals auf die Plus- bzw. Minus-Symbole. Die Zoomoptionen finden Sie ebenfalls im Register ANSICHT, Gruppe ZOOM.

Um den zur Verfügung stehenden Platz optimal zu nutzen klicken Sie auf die Schaltfläche AN FENSTER ANPASSEN, die Sie ebenfalls in der Statuszeile neben dem Schieberegler für den Zoomfaktor finden.

Mit der Maus zoomen

Tipp: Sie können auch mit der Maus zoomen: drücken Sie dazu die Strg-Taste und halten Sie die Taste gedrückt, während Sie das Mausrad drehen.

1.4. Zusätzliche Bildschirmelemente nutzen

Register ANSICHT,
Gruppe ANZEIGEN

Zusätzliche Bildschirmelemente als Hilfsmittel aktivieren Sie im Register ANSICHT über die Gruppe ANZEIGEN.

Lineal

Ein Lineal am linken und oberen Rand des Dokuments unterstützt Sie beim Ausrichten im Dokument.

Lineal

Gitternetzlinien

Mit den Gitternetzlinien blenden Sie ein Raster oder Gitternetz ein, an dem Sie eingefügte Objekte, beispielsweise Grafiken, ausrichten können.

Siehe Lektion 5.3, Objekte ausrichten

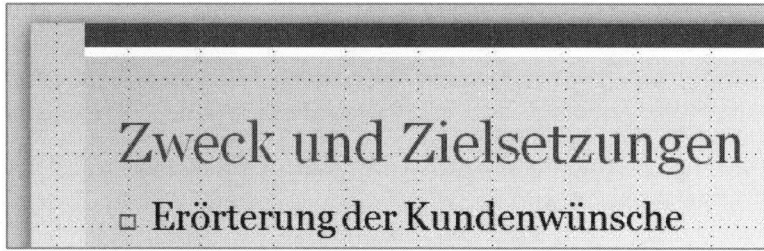

Gitternetzlinien

Führungslinien

Führungslinien sind frei verschiebbare vertikale und horizontale Linien, an denen beim Verschieben Objekte einrasten können. Dies ist nützlich, um beispielsweise mehrere Bilder exakt untereinander auszurichten. Die Führungslinien verschieben Sie, in dem Sie mit der linken Maustaste auf eine Linie klicken, die Maustaste gedrückt halten und anschließend die Linie an die gewünschte Position ziehen.

Tipp: Sie können Führungslinien auch kopieren: drücken Sie die Strg-Taste während Sie die Linie mit gedrückter Maustaste verschieben.

1.5.   Mit mehreren Fenstern arbeiten

Wenn Sie mit PowerPoint mehrere Präsentationen gleichzeitig geöffnet haben, dann wird jedes Dokument in einem eigenen Fenster angezeigt und Sie können über die Taskleiste am unteren Rand des Bildschirms zwischen den Fenstern wechseln. Das Register ANSICHT enthält mit der Gruppe FENSTER mehrere Schaltflächen, über die Sie die Anordnung der Fenster steuern, bzw. ebenfalls zwischen den Fenstern wechseln können.

Jedes Dokument wird in einem eigenen Fenster geöffnet

Schaltfläche	Beschreibung
Neues Fenster	Öffnet das aktuelle Dokument in einem zweiten Fenster.
Alle Anordnen	Stellt alle geöffneten PowerPoint-Fenster gleichzeitig nebeneinander auf dem Bildschirm dar.
Überlappend	Stellt alle geöffneten PowerPoint-Fenster gleichzeitig überlappend auf dem Bildschirm dar.

1.6.   Zusammenfassung

- Im Menüband können alle Befehle, nach Funktionen geordnet, über Register aufgerufen werden. Zusammengehörende Befehle bilden Gruppen innerhalb der Register. Je nach Größe von Bildschirm und Anwendungsfenster werden die Schaltflächen und Gruppen unterschiedlich dargestellt. Ein Mausklick auf den Dropdown-Pfeil einer Schaltfläche öffnet eine weitere Auswahl von Befehlen. Für manche Gruppen kann auch ein Dialogfenster mit einer Zusammenfassung aller Befehle geöffnet werden. Klicken Sie dazu auf das Pfeilsymbol der jeweiligen Gruppe.

- Weitere Möglichkeiten der Befehlseingabe sind das Kontextmenü der rechten Maustaste, Tastenkombinationen (Shortcuts) und Smarttags. Für häufig benötigte Arbeitsschritte verwenden Sie die Symbolleiste für den Schnellzugriff. Diese Leiste kann vom Benutzer um weitere, häufig benötigte Befehle ergänzt werden.

- Grundlegendes Element einer PowerPoint-Präsentation ist die Folie. Folien bilden die "Seiten" Ihrer Präsentation. Standardmäßig wird beim Starten von PowerPoint eine neue leere Präsentation geöffnet und die erste Folie erscheint in der Ansicht NORMAL. Die Ansicht NORMAL ist diejenige Ansicht, in der Sie die Folien einer Präsentation bearbeiten, also Texte und Grafik einfügen. Die Ansicht BILDSCHIRMPRÄSENTATION wird zur Vorführung verwendet. Weitere Ansichten sind die Foliensortierung, die Notizenseite sowie die Leseansicht.

- Zusätzliche Elemente wie Lineal oder Gitternetz können als Hilfsmittel zur exakten Positionierung von Objekten eingeblendet werden. Unabhängig von der jeweiligen Ansicht können Sie ein Dokument auf dem Bildschirm verkleinern oder vergrößern (zoomen).

Bemerkungen:

_____

_____

_____

_____

_____

2. PowerPoint-Präsentationen verwalten

In dieser Lektion lernen Sie

- PowerPoint-Präsentationen speichern und öffnen
- Neue Präsentationen erstellen
- Dateiformate

Was Sie für diese Lektion wissen sollten

- Die Arbeitsumgebung von PowerPoint

Das Register DATEI enthält alle Befehle, die Sie zum Speichern, Öffnen und Drucken von PowerPoint-Präsentationen benötigen. Anstelle der Präsentation erscheinen in diesem Register Eigenschaften und Informationen zur Präsentation, daher wird dieses Register auch als Backstage-Ansicht bezeichnet. Zum Schließen drücken Sie die Esc-Taste oder klicken Sie auf ein beliebiges Register.

Das Register DATEI

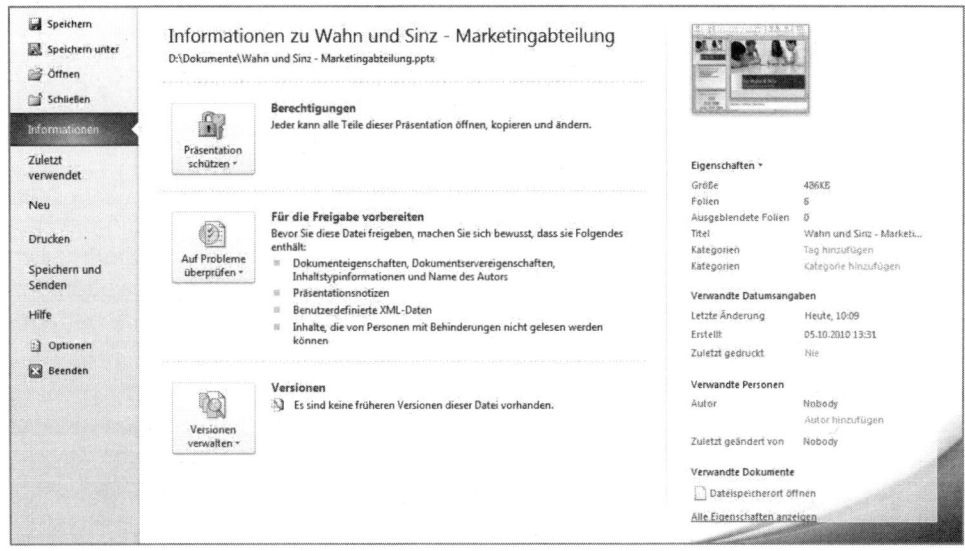

Backstage-Ansicht

2.1. Präsentation speichern

Eine geöffnete Präsentation befindet sich im Arbeitsspeicher (RAM) Ihres Computers. Bevor Sie PowerPoint beenden, sollten Sie nicht vergessen, Ihre Daten dauerhaft auf der Festplatte oder einem anderen Datenträger zu speichern. Klicken Sie dazu entweder in der SYMBOLLEISTE FÜR DEN SCHNELLZUGRIFF auf das Symbol SPEICHERN oder klicken Sie auf das Register DATEI und wählen hier den Befehl SPEICHERN.

SPEICHERN

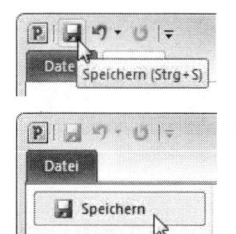

Wenn Sie eine Präsentation zum ersten Mal speichern, wird anschließend das Dialogfenster SPEICHERN UNTER geöffnet.

Präsentation unter einem Namen speichern

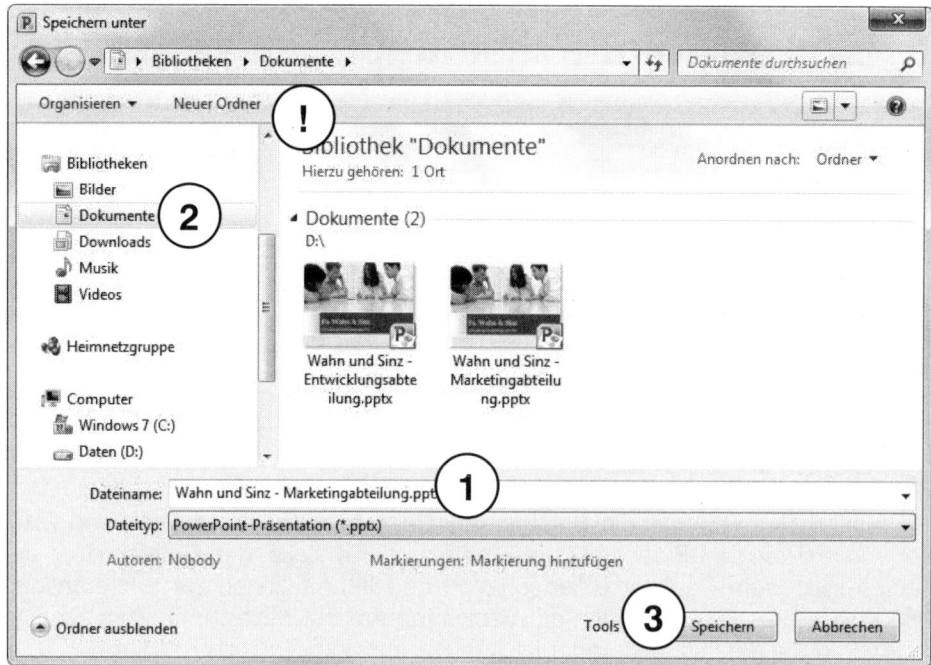

1. Geben Sie einen Dateinamen ein. Standardmäßig wird der Titel der Präsentation verwendet, leere Präsentationen erhalten eine Nummerierung, z.B. Präsentation2. Diesen Dateinamen können Sie einfach mit einem aussagekräftigen Namen überschreiben.

2. Wählen Sie den Speicherort. Wenn das Betriebssystem Windows Vista oder Windows 7 auf Ihrem PC installiert ist, dann erscheint standardmäßig die Bibliothek DOKUMENTE, bzw. der Ordner EIGENE DOKUMENTE als Speicherort. Um ggf. einen anderen Speicherort auszuwählen, verwenden Sie entweder den Navigationsbereich auf der linken Seite des Fensters oder öffnen den gewünschten Ordner im Anzeigebereich mit Doppelklick.

3. Zuletzt klicken Sie auf die Schaltfläche SPEICHERN.

Tipp: Benötigen Sie zum Speichern einen neuen Ordner, so klicken Sie auf die Schaltfläche NEUER ORDNER.

Sollten der Navigationsbereich und der Anzeigebereich nicht sichtbar sein, so klicken Sie auf den Befehl ORDNER DURCHSUCHEN.

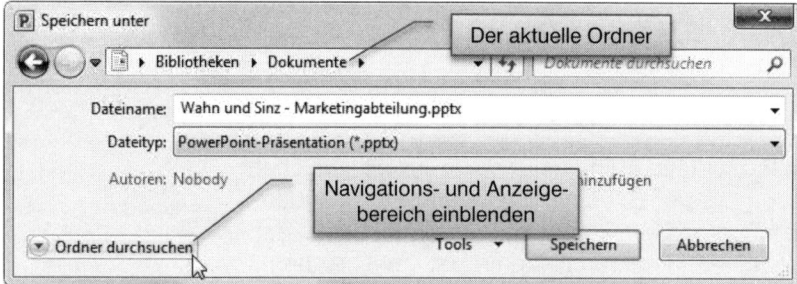

Dateitypen

.pptx

Standardmäßig werden Präsentationen im XML-basierten Office 2010-Dateiformat mit der Dateinamenserweiterung .pptx gespeichert. Sie können jedoch auch zwischen mehreren weiteren Dateitypen wählen, beispielsweise empfiehlt es sich, die Präsentation im Dateiformat POWERPOINT 97-2003-PRÄSENTATION (.ppt) zu speichern, falls Sie die Präsentation auf Computern vorführen wollen, die nur über eine ältere Version von PowerPoint verfügen. Beachten Sie aber, dass ältere Power-Point-Versionen nicht alle Funktionen von PowerPoint 2010 unterstützen, so dass hierbei Informationen, beispielsweise Formatierungen, verloren gehen können.

⚠ Nicht alle Funktionen von PowerPoint 2010 werden von anderen Dateitypen unterstützt!

Sie können Ihre Präsentation auch so speichern, dass sie beim Öffnen sofort in der Ansicht Bildschirmpräsentation gestartet wird, hierfür verwenden Sie den Da-teityp POWERPOINT-BILDSCHIRMPRÄSENTATION (.ppsx).

Zum Ändern des Dateityps wählen Sie eine der beiden Möglichkeiten:

- Klicken Sie im Dialogfenster SPEICHERN UNTER unterhalb des Dateinamens auf den Dropdown-Pfeil im Feld DATEITYP und wählen Sie den gewünschten Datei-typ.

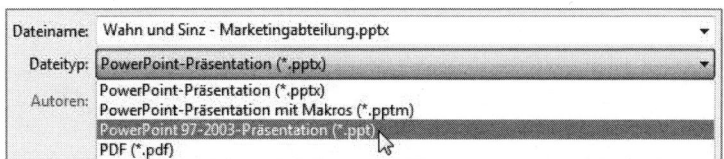

- Klicken Sie im Register DATEI auf SPEICHERN UND SENDEN und wählen Sie DA-TEITYP ÄNDERN. Auf der rechten Seite erhalten Sie eine Übersicht über die ver-fügbaren Dateitypen, klicken Sie doppelt auf eine Option und wählen Sie wie gewohnt im sich öffnenden Dialogfenster SPEICHERN UNTER Dateiname und Speicherort.

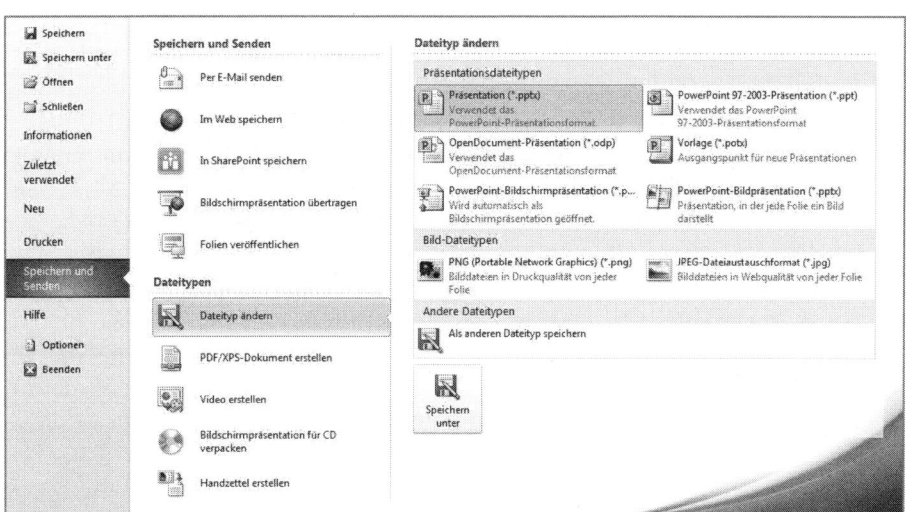

PDF-Datei erstellen

PowerPoint 2010 bietet standardmäßig auch das Speichern im PDF-Dateiformat an. Damit werden alle Formate beibehalten und die Datei kann, unabhängig vom Betriebssystem, auf allen Computern geöffnet werden. Dies ist insbesondere dann hilfreich, wenn Sie Ihre Präsentation weitergeben oder veröffentlichen möchten. Als einzige Voraussetzung muss ein Leseprogramm, beispielsweise der kostenlo-se Adobe Reader, installiert sein.

PDF = Portable Document Format

Sie haben zwei Möglichkeiten, eine PDF-Datei zu erstellen:

- Wählen Sie beim Speichern den Dateityp PDF.

- Oder klicken Sie im Register DATEI auf SPEICHERN UND SENDEN und wählen hier unter DATEITYPEN PDF/XPS-DOKUMENT ERSTELLEN und klicken anschließend im rechten Bereich auf die Schaltfläche PDF/XPS-DOKUMENT ERSTELLEN.

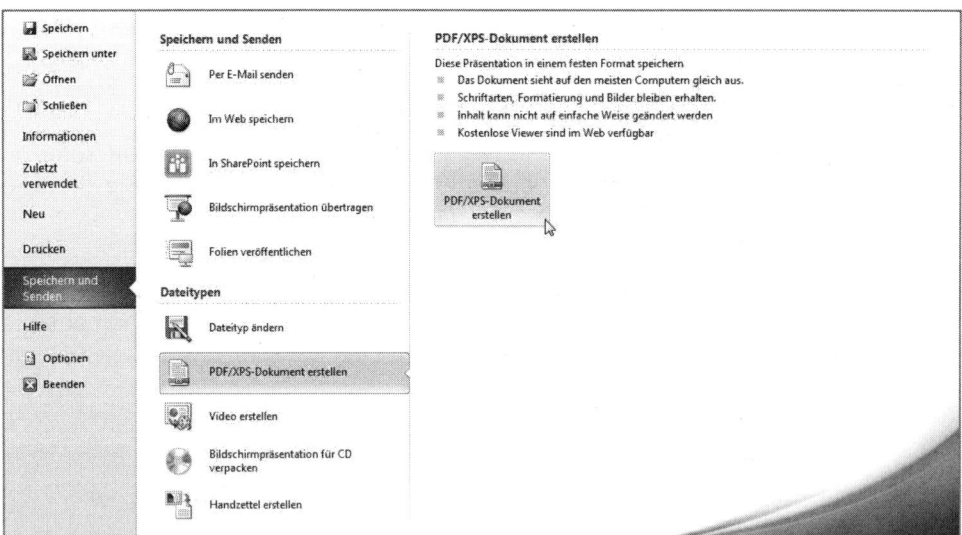

Geben Sie einen Dateinamen ein und wählen Sie den gewünschten Speicherort. Soll nach dem Speichern das PDF-Dokument zur Kontrolle geöffnet werden, so aktivieren Sie das Kontrollkästchen DATEI NACH DEM VERÖFFENTLICHEN ÖFFNEN. Zuletzt klicken Sie auf VERÖFFENTLICHEN.

Speichern unter

Beim ersten Speichern muss ein Dateiname angegeben werden

Neben SPEICHERN finden Sie im Register DATEI auch noch den Befehl SPEICHERN UNTER. Was ist der Unterschied zwischen diesen beiden Befehlen?

- Wenn Sie eine neue Präsentation das erste Mal speichern, dann müssen Sie Dateiname und Speicherort festlegen, das Dialogfenster SPEICHERN UNTER wird dazu automatisch geöffnet. Es spielt keine Rolle, ob Sie den Befehl SPEICHERN oder SPEICHERN UNTER aufrufen.

- Ist eine Präsentation dagegen bereits gespeichert, dann verfügt sie auch über einen Dateinamen. In diesem Fall wird automatisch im Hintergrund gespeichert, wenn Sie während der Bearbeitung auf das Symbol oder den Befehl SPEICHERN klicken. Die Angabe eines Dateinamens ist dazu nicht mehr erforderlich, daher wird auch das Dialogfenster SPEICHERN UNTER nicht geöffnet.

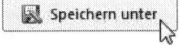

Möchten Sie eine geöffnete und bereits gespeicherte Präsentation unter einem anderen Dateinamen und/oder an einem anderen Speicherort ein weiteres Mal speichern, dann benötigen Sie dazu den Befehl SPEICHERN UNTER. Dieser öffnet in jedem Fall das Dialogfenster SPEICHERN UNTER und Sie können einen anderen Dateinamen angeben und/oder einen anderen Speicherort wählen.

Nicht gespeicherte Daten wiederherstellen

Automatisches Speichern

PowerPoint 2010 verfügt über eine Funktion, die während der Arbeit die Präsentation im Hintergrund in bestimmten Intervallen automatisch speichert. Im Fall eines Programmabsturzes oder wenn Sie versehentlich die Präsentation bzw. das Programm geschlossen haben ohne zuvor zu speichern, dann können Sie beim nächsten Öffnen auf die automatisch gespeicherte Version zugreifen.

Hinweis: Voraussetzung ist, dass die AutoWiederherstellen-Funktion aktiviert ist.

Die Einstellung nehmen Sie in den PowerPoint-Optionen vor, die Sie im Register DATEI finden. Klicken Sie auf die Schaltfläche OPTIONEN.

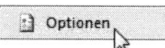

- Das Fenster POWERPOINT-OPTIONEN wird geöffnet, klicken Sie im linken Bereich des Fensters auf die Kategorie SPEICHERN.

- Achten Sie darauf, dass das Kontrollkästchen AUTOWIEDERHERSTELLEN-INFORMATIONEN SPEICHERN aktiviert ist, im Feld daneben können Sie die Intervalle in Minuten festlegen.

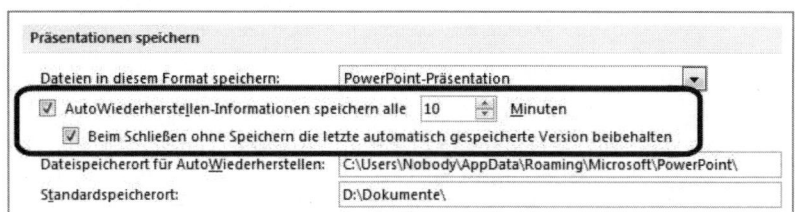

Die automatische Speicherung erfolgt in eine temporäre Datei, die beim Beenden von PowerPoint normalerweise wieder gelöscht wird und nur im Fall eines Programmabsturzes erhalten bleibt. Damit Sie auf diese Datei auch zugreifen können, wenn Sie eine Präsentation versehentlich ohne vorheriges Speichern schließen, muss auch noch das Kontrollkästchen BEIM SCHLIEẞEN OHNE SPEICHERN DIE LETZTE AUTOMATISCH GESPEICHERTE VERSION BEIBEHALTEN aktiviert sein.

Schließen ohne Speichern

Wenn Sie das Speichern vergessen haben

Sie können eine nicht gespeicherte Präsentation wiederherstellen, indem Sie im Register DATEI auf ZULETZT VERWENDET klicken und anschließend NICHT GESPEICHERTE PRÄSENTATIONEN WIEDERHERSTELLEN wählen.

Wählen Sie die Präsentation aus, die Sie wiederherstellen möchten und klicken Sie auf ÖFFNEN. Oberhalb der Bearbeitungsleiste erscheint eine Infozeile, die Sie daran erinnert, dass die wiederhergestellte Präsentation nur temporär gespeichert wurde. Sie sollten daher nicht vergessen, sie dauerhaft zu speichern. Klicken Sie dazu auf die Schaltfläche SPEICHERN UNTER.

Präsentation speichern!

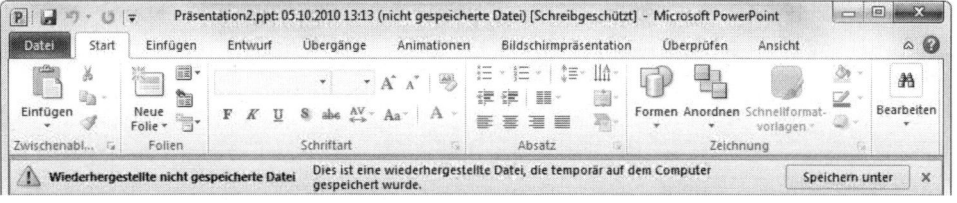

Nach einem Programmabsturz wiederherstellen

Wenn Sie nach einem Programmabsturz Power-Point erneut starten, so erscheint automatisch der Arbeitsbereich DOKUMENTWIEDERHERSTELLUNG. Zum Wiederherstellen klicken Sie auf die Präsentation. Manchmal sind gleich mehrere Versionen einer Präsentation verfügbar, dann wählen Sie diejenige aus, die Sie wiederherstellen möchten. Vergessen Sie anschließend nicht, die Präsentation ordnungsgemäß zu speichern!

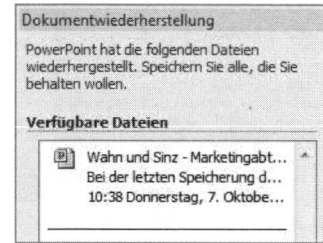

Weitere Speichern-Optionen

Im Fenster POWERPOINT-OPTIONEN können Sie in der Kategorie SPEICHERN noch weitere Einstellungen ändern:

Einstellung	Beschreibung
Standarddateiformat	Sie können das Dateiformat ändern, in dem PowerPoint-Präsentationen standardmäßig gespeichert werden. Wählen Sie im Feld DATEIEN IN DIESEM FORMAT SPEICHERN den gewünschten Dateityp aus.
Standardspeicherort	An dieser Stelle können Sie auch den Standardspeicherort für Ihre Präsentationen ändern. Standardmäßig schlägt PowerPoint beim Speichern den Ordner EIGENE DOKUMENTE vor, falls erforderlich, geben Sie im Feld STANDARDSPEICHERORT den entsprechenden Pfad zusammen mit dem Laufwerksbuchstaben ein.

2.2. Dokument öffnen

Zum Öffnen von Präsentationen stehen Ihnen im Register DATEI zwei Möglichkeiten zur Verfügung. Welche Sie verwenden, hängt davon ab, wann die Präsentation zum letzten Mal mit PowerPoint 2010 geöffnet wurde.

- Klicken Sie auf ÖFFNEN, wenn die Präsentation noch nie oder bereits vor längerer Zeit zum letzten Mal geöffnet wurde.

- Klicken Sie auf ZULETZT VERWENDET, wenn die Präsentation in der letzten Zeit von Ihnen verwendet wurde.

Das Dialogfenster ÖFFNEN

Mit dem Befehl ÖFFNEN erscheint das Dialogfenster ÖFFNEN, mit dem Sie auf alle Speicherorte Ihres Computers zugreifen können. Das genaue Aussehen des Dialogfensters ist abhängig vom Betriebssystem.

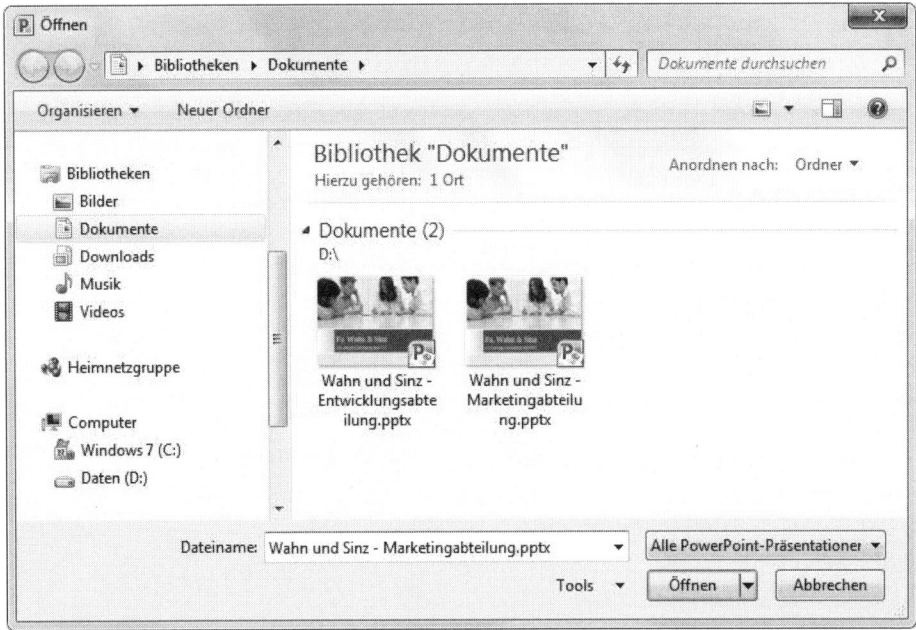

Wie beim Speichern, so wird auch beim Öffnen zunächst der Inhalt des Standardordners angezeigt, meist ist dies der Ordner EIGENE DOKUMENTE (Windows Vista oder 7) oder EIGENE DATEIEN (Windows XP). Befindet sich die benötigte Datei in einem anderen Ordner, so müssen Sie diesen zuerst auswählen. Markieren Sie dann im Anzeigebereich die gewünschte Präsentation und klicken Sie auf die Schaltfläche ÖFFNEN oder öffnen Sie die Datei mit einem Doppelklick auf das Dateisymbol.

Zuletzt verwendete Präsentationen

Im Register DATEI können Sie unter der Kategorie ZULETZT VERWENDET nicht nur schnell Präsentationen öffnen, die Sie erst kürzlich verwendet haben, PowerPoint listet hier auch die zuletzt besuchten Speicherorte auf. Zum Öffnen klicken Sie einfach auf den Dateinamen oder einen Speicherort. Sollten Sie in der Zwischenzeit die Datei bzw. den Speicherort umbenannt haben, so erhalten Sie beim Öffnen eine Fehlermeldung.

Zuletzt bearbeitete Präsentationen

Zuletzt besuchte Speicherorte

Anzahl festlegen

Die maximale Anzahl der zuletzt verwendeten Dateien können Sie in den POWERPOINT-OPTIONEN

Die Liste der zuletzt verwendeten Dokumente verwalten

festlegen. Klicken Sie auf die Kategorie ERWEITERT, im Abschnitt ANZEIGEN können Sie nun festlegen, wie viele zuletzt verwendete Präsentationen angezeigt werden sollen, ältere Präsentationen verschwinden automatisch aus der Liste.

An die Liste der zuletzt verwendeten Dokumente anheften

Soll eine Präsentation oder ein häufig benötigter Speicherort dauerhaft in der Liste angezeigt (angeheftet) werden, dann verwenden Sie dazu die kleinen Pin-Symbole. Ein Mausklick auf das Symbol wechselt zwischen angeheftet und nicht angeheftet.

Dauerhaft in der Liste anzeigen

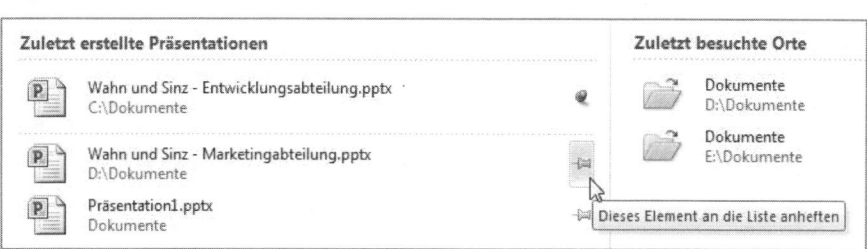

Symbol	Bedeutung
	Die Präsentation oder der Speicherort sind nicht angeheftet, also kein fester Bestandteil der Liste
	Die Präsentation oder der Speicherort wurde an die Liste angeheftet

Eine weitere Möglichkeit finden Sie im Kontextmenü. Klicken Sie mit der rechten Maustaste auf den Dateinamen der Präsentation oder den Speicherort und wählen Sie AN LISTE ANHEFTEN. Über das Kontextmenü können Sie eine Präsentation oder einen Speicherort auch wieder aus der Liste entfernen.

Schnellzugriffsliste anzeigen

Sie können zuletzt verwendete Präsentationen auch in Form einer Schnellzugriffs-liste zur Navigationsleiste des Registers DATEI hinzufügen. Klicken Sie dazu auf die Kategorie ZULETZT VERWENDET und aktivieren Sie das Kontrollkästchen SCHNELL AUF DIESE AUF DIESE ANZAHL ZULETZT VERWENDETER PRÄSENTATIONEN ZUGREIFEN. Geben Sie daneben die maximale Anzahl der Dokumente an.

 ## Kompatibilitätsmodus

Dokumente mit der Dateinamenserweiterung .ppt, die mit älteren Versionen von PowerPoint erstellt und gespeichert wurden, werden von PowerPoint 2010 im so genannten Kompatibilitätsmodus geöffnet. Ein entsprechender Hinweis erscheint zusammen mit dem Dateinamen in der Titelleiste des Anwendungsfensters. Im Kompatibilitätsmodus stehen neuere Funktionen von PowerPoint 2010, beispiels-weise besondere Texteffekte, nicht zur Verfügung.

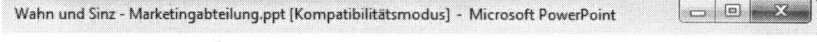

2.3. Zusammenfassung

- Das Register DATEI dient zur Verwaltung von PowerPoint-Präsentationen. Es stellt die Backstage-Ansicht einer Präsentation mit deren Eigenschaften dar. Gleichzeitig enthält dieses Register alle Befehle zum Speichern, Öffnen oder Erstellen neuer Präsentationen. Über die POWERPOINT-OPTIONEN können weitere allgemeine Einstellungen geändert werden.

- Beim Speichern einer PowerPoint-Präsentation müssen Sie einen Dateinamen und einen Ordner oder ein Laufwerk als Speicherort angeben. Im Gegensatz zu früheren Versionen von PowerPoint speichert PowerPoint 2010 Präsentationen im XML-basierten Office-2010-Dateiformat mit der Dateinamenserweiterung .pptx. Wenn Präsentationen auch mit älteren PowerPoint-Versionen geöffnet werden sollen, dann müssen Sie beim Speichern das entsprechende Dateiformat wählen. PowerPoint 2010 unterstützt auch das Erstellen von Dateien im PDF-Dateiformat.

- Mit dem Dateityp Bildschirmpräsentation können Sie eine Präsentation so speichern, dass sie beim Öffnen direkt in der Ansicht Bildschirmpräsentation geöffnet wird. Dies ist nützlich, wenn Sie Präsentationen beispielsweise per E-Mail verschicken wollen.

- Sollten Sie einmal das Speichern einer Präsentation vergessen, dann leistet die AutoWiederherstellen-Funktion nützliche Dienste. Wenn diese Funktion aktiviert wurde, dann erfolgt im Hintergrund in regelmäßigen Intervallen eine automatische Speicherung in eine temporäre Datei. Wird diese Datei beim Beenden von PowerPoint nicht gelöscht, so können Sie auch nicht gespeicherte Präsentationen, beispielsweise nach einem Programmabsturz, wiederherstellen.

- PowerPoint listet in der Kategorie ZULETZT VERWENDET die zuletzt verwendeten Präsentationen und Speicherorte auf, damit Sie schnell auf Dateien zugreifen können. Darüber hinaus haben Sie die Möglichkeit, diese Liste anzupassen, indem Sie Präsentationen fest an diese Liste anheften oder eine Schnellzugriffsliste im Navigationsbereich des Registers DATEI erstellen.

Bemerkungen:

_____

_____

_____

_____

_____

_____

3. Eine Präsentation erstellen

In dieser Lektion lernen Sie

- Eine neue Präsentation erstellen
- Vorlagen und Designs verwenden

Was Sie für diese Lektion wissen sollten

- Die Arbeitsumgebung von PowerPoint

Bei Präsentationen sollten Sie nicht nur auf den Inhalt, sondern auch auf eine optisch ansprechende Gestaltung, insbesondere auf passende Farbzusammenstellungen und Schrifteffekte achten. Einheitlich gestaltete Präsentationen wirken professionell und erleichtern den Zuhörern die Orientierung. PowerPoint stellt deshalb verschiedene integrierte Vorlagen und Designs bereit, die Sie für die Erstellung einer Präsentation verwenden können. Bei der Erstellung einer neuen Präsentation stehen Ihnen verschiedene Möglichkeiten zu Auswahl.

- Sie benutzen eine Vorlage, darunter versteht PowerPoint Musterpräsentationen, die Sie nur noch um Texte und evtl. Bilder ergänzen müssen. Sie können neben den auf Ihrem PC installierten Vorlagen auch im Internet verfügbare Vorlagen sowie eigene Vorlagen verwenden.

- Sie erstellen eine Präsentation unter Verwendung eines der integrierten Designs. Designs enthalten keine Inhalte, sondern legen nur Farben, Schriftarten und einige Grafikelemente fest.

- Sie erstellen und gestalten eine Präsentation ausschließlich nach Ihren Vorstellungen.

3.1. Vorlagen verwenden

Musterpräsentationen

Vorlagen sind Musterpräsentationen für verschiedene Zwecke, die Sie nur noch um Texte und Bilder ergänzen müssen, weitere Folien können jederzeit hinzugefügt werden. Die Verwendung einer Vorlage stellt die schnellste und einfachste Möglichkeit dar, eine optisch ansprechende Präsentation zu erstellen, nachteilig sind die geringen Gestaltungsmöglichkeiten.

Vorlage auswählen

Klicken Sie auf das Register DATEI und anschließend auf den Befehl NEU. Im rechten Bereich können Sie nun unter den lokal auf Ihrem Computer installierten Vorlagen (BEISPIELVORLAGEN) wählen. Verfügen Sie über einen Internetzugang, dann stehen Ihnen online auf Office.com weitere Vorlagen zur Auswahl. Wenn Sie eigene Vorlagen verwenden möchten, so finden Sie diese über die Schaltfläche MEINE VORLAGEN.

Siehe Lektion 8.4, Eigene Vorlagen

Siehe Lektion 1.2, Symbolleiste für den Schnellzugriff

Tipp: Sie können den Befehl NEU (Neues Leeres Dokument) auch der Symbolleiste für den Schnellzugriff hinzufügen.

Klicken Sie auf eine Vorlagenkategorie, so werden alle dazugehörigen Vorlagen angezeigt. Wenn Sie im Vorschaubereich auf die Schaltfläche ERSTELLEN bzw. DOWNLOAD (bei Office.com-Vorlagen) klicken wird eine neue Präsentation auf Basis der markierten Vorlage erstellt.

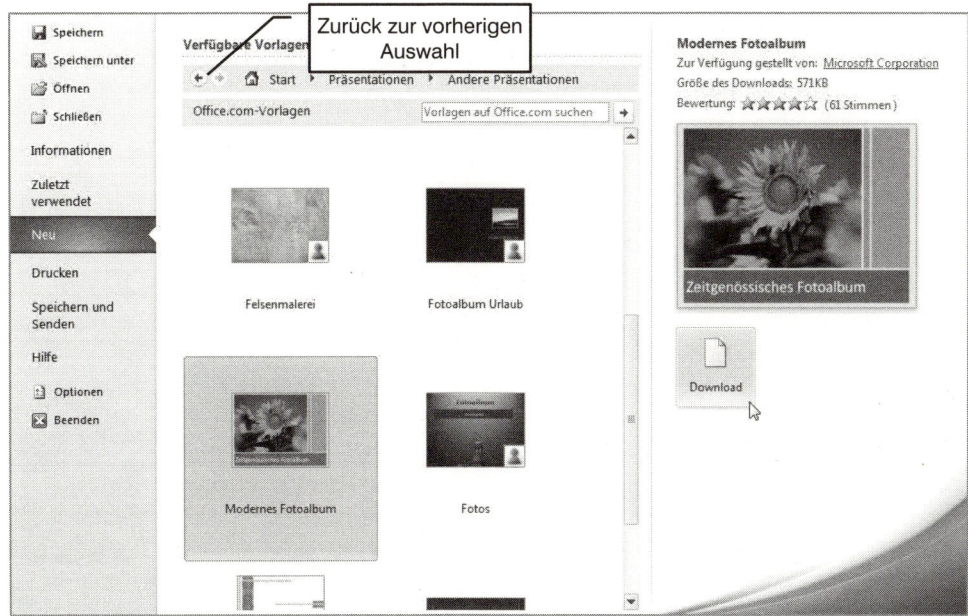

Die nun erstellte Präsentation enthält einige Beispielfolien, jedoch noch keinen Inhalt. Diesen fügen Sie ein, indem Sie die Platzhalter durch eigene Inhalte ersetzen, beispielsweise Texte oder Bilder. Klicken Sie dazu zunächst im Navigationsbereich auf die Folie, die Sie bearbeiten möchten.

Beispiel: Präsentation auf Basis der Vorlage "Zeitgenössisches Fotoalbum"

Vorlage anpassen

Um den vorgegebenen Text zu ändern, markieren Sie den Platzhalter, sodass um den Text ein gestrichelter Rahmen sichtbar wird. Markieren Sie eventuell vorhandenen Text mit gedrückter

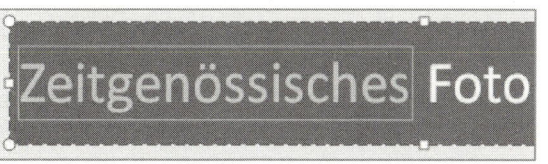

Klicken Sie auf den Platzhalter

linker Maustaste und tippen Sie über die Tastatur den neuen Text ein. Der markierte Text wird überschrieben.

Bild ändern

Register BILDTOOLS-
FORMAT, Gruppe
ANPASSEN

Sie können auch andere Bilder einfügen, klicken Sie dazu mit der rechten Maustaste in das vorhandene Bild und wählen Sie im Kontextmenü den Befehl BILD ÄNDERN.... Das Dialogfenster GRAFIK EINFÜGEN wird geöffnet. Wählen Sie den Ordner aus, in dem sich Ihr Bild befindet, markieren Sie die Datei und klicken Sie auf die Schaltfläche EINFÜGEN.

Den Befehl BILD ÄNDERN finden Sie auch im Register BILDTOOLS - FORMAT, Gruppe AN-PASSEN.

Folien hinzufügen oder löschen

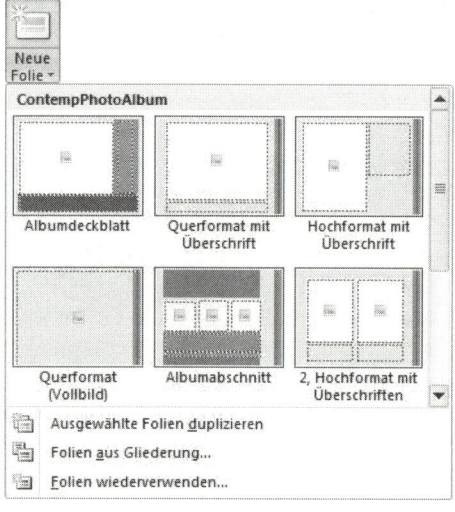

Neue Folie

Register Start, GRUPPE
FOLIEN

Beim Einfügen einer
Folie legen Sie auch
das Layout fest

Wenn Sie weitere Folien benötigen, dann markieren Sie im Navigationsbereich links diejenige Folie, nach der Sie eine neue Folie einfügen möchten und klicken Sie dann im Register START, Gruppe FO-LIEN, auf den Dropdown-Pfeil der Schaltfläche NEUE FOLIE. Es erscheint eine Galerie mit verschiedenen Folienlayouts, aus denen Sie wählen können. Die verfügbaren Layouts sind abhängig von der verwendeten Vorlage und können daher unterschiedlich aussehen. Klicken Sie mit der Maus auf das gewünschte Layout, um eine neue Folie einzufügen.

Sollten Sie mit dem vorgegebenen Layout einer Folie nicht zufrieden sein oder eine Folie nicht benötigen, dann können Sie diese Folie einfach löschen. Markieren Sie dazu die Folie links im Navigationsbereich und verwenden Sie dann entweder die Entf-Taste auf der Tastatur oder den LÖSCHEN-Befehl aus dem Kontextmenü der rechten Maustaste.

3.2.   Design verwenden

Design auswählen

Mehr gestalterische Freiheit ermöglichen die so genannten Designs. Sie enthalten keine Folien, sondern sind Zusammenstellungen von Farben, Schriftarten und sonstigen Effekten und sorgen so für ein einheitliches Aussehen der gesamten Präsentation. Das gewählte Design wird automatisch für jede neue Folie verwendet, die Sie einfügen.

Um ein Design bei der Erstellung einer neuen Präsentation zu verwenden, klicken Sie im Register START auf den Befehl NEU und wählen Sie die Kategorie DESIGNS. Markieren Sie das gewünschte Design und klicken Sie auf die Schaltfläche ERSTELLEN.

Hinweis:
Auch unter den Office.com-Vorlagen finden sich gelegentlich Designs, beispielsweise in der Kategorie "Entwurfsfolien".

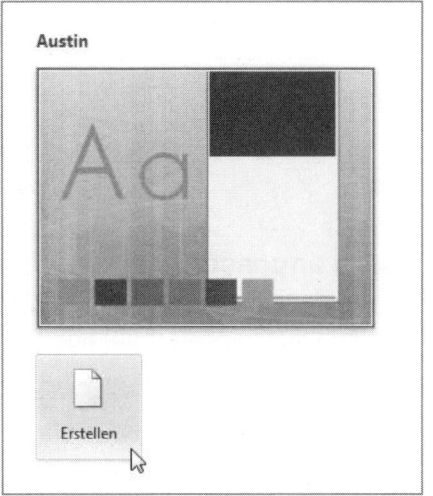

Designs steuern das Aussehen der Präsentation

Die neue Präsentation enthält zunächst nur eine einzige Folie mit dem gewählten Design. Standardmäßig ist dies eine Titelfolie, genauer gesagt eine Folie im Titellayout. Klicken Sie in die Platzhalterfelder und geben Sie den gewünschten Text über die Tastatur ein. Nicht benötigte Platzhalter lassen Sie einfach leer, diese erscheinen später nicht in der Bildschirmpräsentation. Sie können Platzhalter jedoch auch löschen, indem Sie sie markieren und anschließend die Entf-Taste auf der Tastatur drücken.

Klicken Sie in die Platzhalter und geben Sie Text ein

Weitere Folien fügen Sie hinzu, indem Sie im Register START, Gruppe FOLIEN auf den Dropdown-Pfeil der Schaltfläche NEUE FOLIE klicken. Wählen Sie anschließend im Dialogfeld das gewünschte Layout aus, beispielsweise das Standardlayout mit Titel und Inhalt.

Register Start, GRUPPE FOLIEN

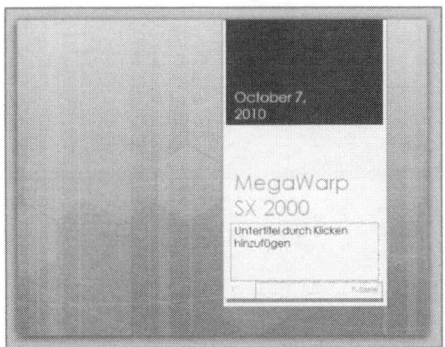

Titelfolie

Titel und Inhalt

Ein Design nachträglich zuweisen
Sie können auch einer bereits erstellten Präsentation im Standardformat nachträglich ein Design zuweisen bzw. das vorhandene Design durch ein anderes ersetzen. Klicken Sie dazu im Register ENTWURF in der Gruppe DESIGNS auf das gewünschte Design in der Designgalerie. Sollte das gewünschte Design nicht sichtbar sein, klicken Sie auf den kleinen Pfeil rechts neben der Designgalerie, um eine Übersicht aller verfügbaren Designs aufzurufen.

Ein Design kann auch nachträglich zugewiesen werden

Standardmäßig wird das gewählte Design allen Folien der Präsentation zugewiesen. Möchten Sie dagegen nur bestimmten Folien ein anderes Design zuweisen, dann markieren Sie zunächst die Folien, indem Sie sie nacheinander mit gedrückter Strg-Taste anklicken. Klicken Sie dann mit der rechten Maustaste auf das gewünschte Design und verwenden den Befehl FÜR AUSGEWÄHLTE FOLIEN ÜBERNEHMEN.

Design nur für ausgewählte Folien übernehmen

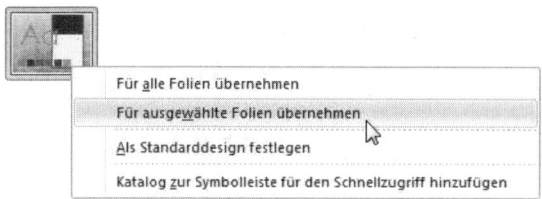

Design anpassen

Sie können jedes Design individuell an Ihre Wünsche anpassen, beispielsweise durch Änderung von Farben, Schriftarten und Hintergrundgrafiken.

Register ENTWURF, Gruppe DESIGNS

Farben sind ein wichtiges Mittel, um Informationen zu vermitteln und Aussagen zu unterstützen. Bei der Auswahl der Farben ist es daher wichtig, auf Aussagekraft, Lesbarkeit, Kontrast und eine harmonische Zusammenstellung zu achten. Zu jedem Design gehört außerdem ein Set von Schriftarten, das Sie ebenfalls verändern können, genauso wie zusätzliche Designeffekte, die beispielsweise das Aussehen von Rahmenlinien und Zeichnungsobjekten festlegen.

Die Einstellung der Farbzusammenstellung, des Schriftart-Sets sowie der Designeffekte nehmen Sie im Register ENTWURF in der Gruppe DESIGNS vor.

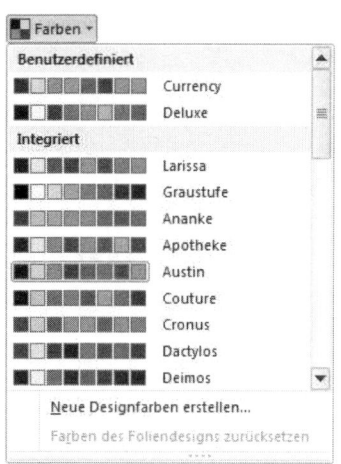

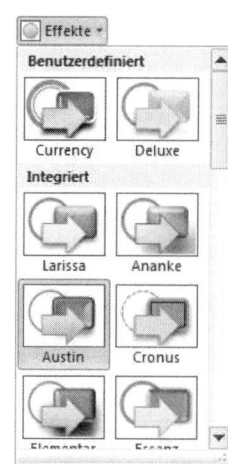

Folienhintergrund

Zusätzliche Hintergrundeffekte können Sie der Präsentation im Register ENTWURF, Gruppe HINTERGRUND zuweisen.

Mit der Schaltfläche HINTERGRUNDFORMATE öffnen Sie ein Auswahlfeld mit verschiedenen Formaten, für weitergehende Einstellungen verwenden Sie den Befehl HINTERGRUND FORMATIEREN.

Änderungen, die Sie im anschließenden Dialogfenster vornehmen, können Sie entweder nur für die aktuelle Folie oder alle Folien der Präsentation übernehmen.

Einige Designs enthalten Hintergrundgrafiken, die nicht in jeder Folie erwünscht sind, bzw. störend wirken. In diesem Fall blenden Sie die Hintergrundgrafiken mit dem entsprechenden Kontrollkästchen aus.

Hintergrundgrafiken ausblenden!

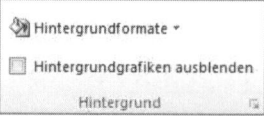

3.3. Mit Folien arbeiten

Folienlayout

Standardmäßig enthält eine neue Präsentation nur die erste Folie mit dem Titellayout. Weitere Folien fügen Sie mit der Schaltfläche NEUE FOLIE im Register START, Gruppe FOLIEN in die Präsentation ein. Jede neue Folie wird immer nach der aktuellen, markierten Folie eingefügt, Sie können also auch nachträglich neue Folien an beliebiger Stelle der Präsentation einfügen. Sie haben die Wahl zwischen verschiedenen vorgegebenen Folienlayouts, diese können sich je nach Vorlage bzw. gewähltem Design unterscheiden.

Register Start, GRUPPE FOLIEN

Häufig verwendete Layouts sind TITELFOLIE sowie TITEL UND INHALT. Für umfangreichere Aufzählungen können Sie auch ein zweispaltiges Layout, beispielsweise ZWEI INHALTE verwenden. Möchten Sie dagegen das Layout selbst gestalten, dann sollten Sie das Layout LEER oder NUR TITEL verwenden.

Alle anderen Layouts verfügen über Platzhalterfelder zur Eingabe von Text, Grafik oder anderen Elementen. Ist ein Platzhalter auch noch mit Symbolen für Grafik, Tabelle oder Diagramm versehen, dann können Sie mit einem Mausklick auf das jeweilige Symbol ein entsprechendes Element an dieser Stelle einfügen. Zur Texteingabe klicken Sie einfach in das Feld und beginnen mit der Tastatureingabe.

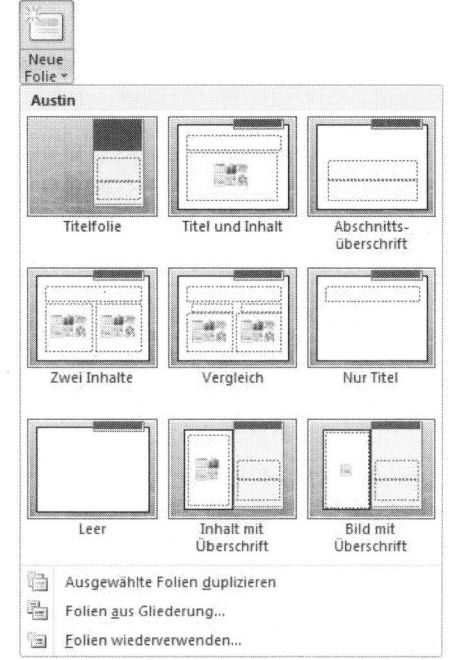

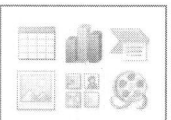

Platzhalterfelder für Tabellen, Grafiken, Diagramme, …

Folienlayout nachträglich ändern

Sie können das Layout einer Folie auch nachträglich ändern. Klicken Sie dazu im Register START, Gruppe FOLIEN auf die Schaltfläche LAYOUT.

Register START, Gruppe FOLIEN

Folien duplizieren, verschieben und löschen

Kopieren

Wenn Sie eine Folie inklusive aller Formate und Inhalte duplizieren möchten, haben Sie zwei Möglichkeiten zur Wahl:

* Sie markieren die Folie im Navigationsbereich und klicken im Register START in der Gruppe ZWISCHENABLAGE auf die Schaltfläche KOPIEREN. Anschließend markieren Sie diejenige Folie, nach der die Kopie eingefügt werden soll und klicken auf die Schaltfläche EINFÜGEN. Alternativ können Sie auch die Tastenkombinationen Strg + C (Kopieren) und Strg + V (Einfügen) verwenden. Eine kopierte Folie kann auch mehrmals nacheinander eingefügt werden.

Register START, Gruppe ZWISCHENABLAGE

* Sie klicken im Navigationsbereich mit der rechten Maustaste auf die Folie, die Sie duplizieren möchten und wählen aus dem Kontextmenü den Befehl FOLIE DUPLIZIEREN. Die Folie wird als Kopie unmittelbar nach der markierten Folie eingefügt.

Tipp: Sie können zum Duplizieren auch die Tastenkombination Strg + D verwenden. Diese Tastenkombination dupliziert nicht nur Folien, sondern auch Grafik, Bilder oder Zeichnungselemente.

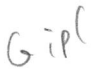

Markierte Folie
verschieben

Folien verschieben

Um die Reihenfolge der Folien zu ändern, wechseln Sie entweder in die Ansicht Foliensortierung oder verwenden den Navigationsbereich in der Ansicht Normal. Markieren Sie eine Folie und ziehen Sie anschließend die Folie mit gedrückter linker Maustaste an die gewünschte Stelle. Am Mauszeiger wird ein kleines Kästchen sichtbar, gleichzeitig erscheint ein waagrechter Strich als Einfügemarkierung.

Folien löschen

Sollten Sie versehentlich zu viele Folien eingefügt haben oder möchten Sie bestimmte Folien gezielt aus Ihrer Präsentation entfernen, können Sie diese wieder löschen. Klicken Sie dazu entweder mit der rechten Maustaste auf die zu löschende Folie im Navigationsbereich und wählen Sie aus dem Kontextmenü den Befehl FOLIE LÖSCHEN, oder markieren Sie die Folie im Navigationsbereich und betätigen die Entf-Taste auf der Tastatur.

3.4. Zusammenfassung

- Bei der Erstellung einer neuen Präsentation können Sie wählen zwischen Vorlagen, Designs oder einer Präsentation, die Sie nach eigenen Vorstellungen gestalten. Professionelle Präsentationen kennzeichnet ein einheitliches Erscheinungsbild, daher beziehen Vorlagen und Designs immer die gesamte Präsentation ein. Jeder neu hinzugefügten Folie wird automatisch die Formatierung der Vorlage oder des Designs zugewiesen.

- Vorlagen sind Musterpräsentationen, in die Sie eigentlich nur noch Texte und Bilder hinzufügen, sie eignen sich vor allem für Einsteiger, die schnell eine ansprechende Präsentation erstellen möchten. Nachteilig ist die geringe Flexibilität, wenn Sie beispielsweise ein Firmenlogo auf jeder Folie benötigen.

- Designs dagegen enthalten keine Musterfolien, sondern ausschließlich Formatierungen. Jedes Design erlaubt die Wahl einer Farbzusammenstellung, eines Schriftart-Sets, individueller Designeffekte sowie eines Folienhintergrunds, das Aussehen der Präsentation kann somit besser an individuelle Bedürfnisse angepasst werden.

- Zusätzlich zum Design können Sie beim Einfügen neuer Folien unter verschiedenen Folienlayouts wählen. Ein Folienlayout legt über Platzhalterfelder die Anordnung von Folientitel, Text, Grafik, Tabellen und anderen Elementen fest.

Bemerkungen:

_____

_____

_____

4. Text eingeben und formatieren

In dieser Lektion lernen Sie

- Texte eingeben und formatieren
- Mit Gliederungen arbeiten
- Weitere Textfelder hinzufügen
- SmartArt- und WordArt-Grafik einfügen
- Foliennummer und Fußzeilentext einfügen

Was Sie für diese Lektion wissen sollten

- Eine Präsentation erstellen und speichern
- Mit Folien und Folienlayouts arbeiten

Im Folienlayout der Präsentationsvorlagen und Designs sind Platzhalterfelder für die Inhalte vorgesehen. Diese Felder steuern die Anordnung von Text und Grafik. Innerhalb der Platzhalter können Sie Text genauso eingeben und formatieren, wie Sie dies vielleicht von Microsoft Word gewohnt sind. Neben den durch Vorlagen oder Designs vorgegebenen Formatierungen können Sie das Aussehen des Textes nach Belieben verändern. Das Folienlayout, also Größe, Anordnung und Position der Platzhalterfelder, kann ebenfalls jederzeit geändert werden.

4.1. Text eingeben und bearbeiten

Sowohl bei der Texteingabe als auch bei der Bearbeitung von Text können Sie in PowerPoint alle bekannten Techniken der Textverarbeitung verwenden. Wenn Sie daher mit den Grundlagen vertraut sind, beispielsweise von Microsoft Word her, dann können Sie diesen Teil überspringen.

PowerPoint macht die Texteingabe einfach: Die meisten Layouts verfügen über Platzhalter, in die Sie mit der Maus klicken und anschließend Text eingeben können. Gleichzeitig wird dieses Feld markiert, erkennbar am Rahmen und an den so genannten Anfasspunkten an den Ecken. Im Gegensatz zu einem Textverarbeitungsprogramm ist eine Texteingabe ausschließlich in den Platzhaltern möglich!

Texteingabe ist nur in den Platzhalterfeldern möglich!

Zeilenumbruch und Absätze

Cursor positionieren

Während der Eingabe ist im Textfeld eine Einfügemarke als senkrechter, blinkender Strich sichtbar, auch als Cursor bezeichnet. Zeichen, die Sie über die Tastatur eingeben, erscheinen an der Cursorposition. Für nachträgliche Korrekturen am Text müssen Sie daher immer zuerst den Cursor an der gewünschten Stelle positionieren. Klicken Sie dazu entweder mit der Maus an die Stelle oder verwenden Sie die Pfeiltasten der Tastatur.

Für nachträgliche Korrekturen müssen Sie zuerst den Cursor an der gewünschten Stelle platzieren

Die Eingabe-Taste beendet einen Absatz

Wenn ein Text nicht vollständig in eine Zeile passt, dann erfolgt ein automatischer Zeilenumbruch, d.h. das gesamte Wort wandert in die nächste Zeile. Mit der Eingabetaste (auch als Return- oder Enter-Taste bezeichnet) beenden Sie dagegen einen Absatz.

Viele Layouts versehen Absätze automatisch mit Aufzählungszeichen, beispielsweise das Layout TITEL UND INHALT. Dann erhält jeder neue Absatz gleichzeitig ein Aufzählungszeichen.

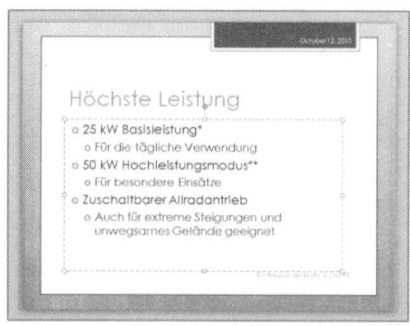

Manueller Zeilenumbruch

Möchten Sie eine neue Zeile beginnen, ohne den Absatz zu beenden, dann drücken Sie Umschalt (Shift) + Eingabetaste. Dadurch erhält die neue Zeile auch kein Aufzählungszeichen. Dies bezeichnet man auch als manuellen Zeilenumbruch.

Befehl	Tasten
Neuer Absatz	Eingabetaste (Return/Enter)
Neue Zeile, kein Absatzende	Umschalt (Shift) + Eingabetaste

Text korrigieren

Nachträglich Text einfügen
Um Text nachträglich einzufügen, klicken Sie an die gewünschte Stelle und geben über die Tastatur Ihren Text ein, der vorhandene Text an dieser Stelle wird nicht überschrieben, sondern nach rechts verschoben.

Text löschen
Sie können Text löschen, indem Sie

- Die Rückschritt- oder Korrekturtaste (engl. Backspace) auf der Tastatur betätigen. Dadurch werden Zeichen links vom Cursor gelöscht.

- Die Entf-Taste (engl. Del) auf der Tastatur betätigen. Dadurch werden Zeichen rechts vom Cursor gelöscht.

Rückgängig, Wiederholen und Wiederherstellen
Siehe Lektion 1.2, Befehlseingabe

Haben Sie versehentlich Text gelöscht oder wollen Sie ganz einfach die letzte Aktion rückgängig machen, dann verwenden Sie das Symbol RÜCKGÄNGIG in der Symbolleiste für den Schnellzugriff. Sie können damit nacheinander auch mehrere Arbeitsschritte rückgängig machen. Möchten Sie einen Arbeitsschritt wiederholen, klicken Sie auf WIEDERHOLEN. Versehentliches Rückgängigmachen können Sie mit dem Symbol WIEDERHERSTELLEN wieder zurücknehmen.

Text markieren
Viele Bearbeitungsschritte setzen voraus, dass Text markiert ist. Möchten Sie beispielsweise schnell größere Textstellen löschen oder überschreiben, dann müssen Sie den Text zuvor markieren.

- Zielgruppe
- Leistungsmerkmale
- Design

Am einfachsten markieren Sie mit der Maus. Bewegen Sie den Mauszeiger vor das erste Zeichen an dem die Markierung beginnen soll. Drücken Sie nun die linke Maustaste und halten Sie die Taste gedrückt, während Sie die Maus über den Text bewegen. Lassen Sie die Maustaste los, sobald der gewünschte Text grau hervorgehoben ist. Um eine Markierung wieder aufzuheben, klicken Sie mit der Maus an eine beliebige Stelle.

Markierten Text erkennen Sie am Hintergrund

So markieren Sie schnell mit der Maus:

Markierung	So gehen Sie vor
Ein einzelnes Wort	Doppelklicken Sie in das Wort.
Ein Absatz	Klicken Sie dreimal innerhalb des Absatzes an eine beliebige Stelle.
Den gesamten Text eines Textfeldes	Drücken Sie die Tastenkombination Strg + A

Beachten Sie: Markierter Text wird durch Eingabe automatisch überschrieben!

Markierter Text wird überschrieben

Automatische Rechtschreibprüfung und AutoKorrektur

Genau wie Microsoft Word verfügt auch PowerPoint über eine automatische Rechtschreibprüfung, die während der Eingabe alle Wörter anhand eines integrierten Wörterbuches überprüft. Ausdrücke, die nicht im Wörterbuch enthalten sind werden automatisch mit einer roten Wellenlinie gekennzeichnet. Diese Kennzeichnung ist in der Bildschirmpräsentation und auch auf dem Ausdruck nicht sichtbar. Zur Korrektur stehen Ihnen verschiedene Möglichkeiten offen:

Rechtschreibfehler werden mit einer roten Wellenlinie gekennzeichnet

- Klicken Sie mit der rechten Maustaste in das Wort und wählen Sie die korrekte Schreibweise.

- Klicken Sie in der Statuszeile am unteren Bildschirmrand oder im Register Überprüfen, Gruppe Dokumentprüfung auf die Schaltfläche Rechtschreibung um den Fehler zu korrigieren.

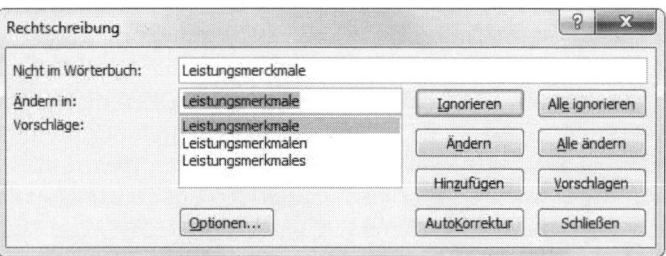

Namen, Adressangaben, Firmennamen, Produktbezeichnungen sowie Fremdwörter werden trotz korrekter Schreibweise meist als Fehler gekennzeichnet, da sie nicht im Wörterbuch enthalten sind. In diesen Fällen verwenden Sie die Schaltfläche Ignorieren.

Automatisches
Umwandeln während
der Eingabe

AutoKorrektur

Die AutoKorrektur von PowerPoint korrigiert häufige Schreibfehler und Buch-
stabendreher bereits während der Eingabe. So werden Kleinbuchstaben am
Beginn eines Absatzes automatisch in
Großbuchstaben umgewandelt, aus der
Zeichenfolge "ist" wird beispielsweise

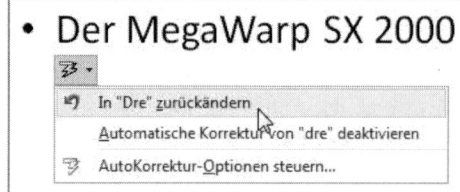

automatisch ein "ist". Unmittelbar nach erfolgter AutoKorrektur erscheint ein Smart-
tag, über den Sie die Autokorrektur rückgängig machen, bzw. die automatische
Korrektur deaktivieren können. Weitere Möglichkeiten bietet der Befehl AUTOKOR-
REKTUR-OPTIONEN STEUERN…

Text verschieben und kopieren

Markierten Text mit der
Maus verschieben

Sie können Zeichen oder ganze Absätze an eine andere Stelle verschieben. Dazu
markieren Sie den Text und zeigen anschließend auf die markierte Stelle. Nun
drücken Sie die linke Maustaste, halten die Taste gedrückt und bewegen die
Maus, bis sich der Cursor an der gewünschten Stelle befindet. Erst dann lassen
Sie die Maustaste wieder los. Solange Sie die Maustaste gedrückt halten ist am
Mauszeiger ein kleines Kästchen sichtbar, der markierte Text wird erst eingefügt,
wenn Sie die Maustaste wieder loslassen.

• Zielgruppe
• Leistungsmerkmale
• Design

Text verschieben

• Zielgruppe
• Leistungsmerkmale
• Design

Text kopieren

Kopieren mit
gedrückter Strg-Taste

Wenn Sie während des Ziehens zusätzlich die Strg-Taste auf der Tastatur gedrückt halten, dann wird der Text nicht verschoben, sondern kopiert. Am Mauszeiger ist ein kleines + Zeichen sichtbar.

Siehe Lektion 5.,
Grafik und
Zeichnungselemente

Tipp: Sämtliche Methoden, um Text zu verschieben bzw. zu kopieren, funktionie-
ren auch mit Grafiken, Zeichnungselementen und anderen Objekten.

Die Zwischenablage

Siehe Lektion 3.3,
Mit Folien arbeiten

Um größere Texte über mehrere Folien hinweg zu kopieren oder verschieben,
eignet sich das oben beschriebene, so genannte Drag-&-Drop-Verfahren, nur be-
dingt.

Register START, Gruppe
ZWISCHENABLAGE

Hierfür verwenden Sie am besten die Zwischenablage, diese dient nicht zur zum
Verschieben und Kopieren von Text, sondern nimmt auch alle anderen Elemente
einer PowerPoint-Präsentation, beispielsweise Grafiken, Folien, Platzhalter und
Diagramme, auf. Ein weiterer Vorteil der Zwischenablage: ausgeschnittene oder
kopierte Elemente verbleiben solange in der Zwischenablage, bis Sie das nächste
Element ausschneiden oder kopieren, und können daher auch mehrmals eingefügt werden. Die Befehle und Tastenkombinationen zur Verwendung der Zwischenablage sind Ihnen möglichweise bereits von Windows her bekannt.
Folgende Befehle, Symbole oder Tasten können Sie verwenden:

Tasten und Symbole
zur Verwendung der
Zwischenablage

Befehl	Tasten	Schaltfläche
Ausschneiden Schneidet das markierte Element in die Zwischenablage aus	Strg + X	✂ Ausschneiden
Kopieren Kopiert das markierte Element in die Zwischenablage	Strg + C	📋 Kopieren
Einfügen Fügt das zuletzt kopierte oder ausgeschnittene Element aus der Zwischenablage an der Cursorposition wieder ein	Strg + V	📋 Einfügen ▾

So gehen Sie vor:

1. Markieren Sie das Element, das Sie kopieren oder ausschneiden möchten.

2. Drücken Sie entweder eine der beiden Tastenkombinationen, Strg + C oder Strg + X, oder klicken Sie im Register START, Gruppe ZWISCHENABLAGE auf eines der Symbole.

3. Positionieren Sie den Cursor an der Stelle, an der Sie das Element aus der Zwischenablage einfügen möchten. Drücken Sie dann entweder die Tastenkombination Strg + V oder klicken Sie in der Gruppe ZWISCHENABLAGE auf die Schaltfläche EINFÜGEN.

Erweiterte Einfügen-Optionen

Sie können beim Einfügen steuern, ob gleichzeitig Formatierungen wie Schriftgröße und -art aus der Quelle beibehalten werden sollen. Hierzu verwenden Sie entweder den Smarttag EINFÜGEN-OPTIONEN, der nach dem Einfügen an der Einfügestelle erscheint oder Sie klicken auf den Dropdown-Pfeil der Schaltfläche EINFÜGEN in der Gruppe ZWISCHENABLAGE. In Abhängigkeit von der Art des markierten Elements stehen einige dieser Möglichkeiten zur Auswahl:

Siehe Lektion 4.2,
Text formatieren

Schaltfläche	Befehl
📋	**Zieldesign verwenden** Das eingefügte Element erhält die Designmerkmale der Zielfolie.
📋	**Ursprüngliche Formatierung beibehalten** Die Formatierung des eingefügten Elements wird aus der Quelle übernommen.
📋	**Grafik** Das Element wird als Grafikobjekt eingefügt. Nachträgliche Bearbeitung, beispielsweise von Text, ist nicht mehr möglich.
A	**Nur den Text übernehmen** Es werden keine Formatierungsmerkmale aus der Quelle übernommen.

📋 (Strg) ▾
EINFÜGEN-OPTIONEN

Die Office-Zwischenablage

Mit der oben beschriebenen Methode können Sie immer nur das zuletzt ausgeschnittene oder kopierte Element wieder einfügen. Im Gegensatz dazu speichert die Office-Zwischenablage bis zu 24 Elemente. Häufig erscheint die Office-Zwischenablage bereits automatisch, sobald Sie ein Element in die Zwischenablage ausschneiden oder kopieren.

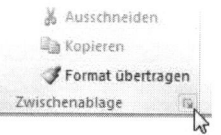

OFFICE-
ZWISCHENABLAGE

Sollte dies nicht der Fall sein, so öffnen Sie die Office-Zwischenablage mit einem Mausklick auf das Pfeilsymbol der Gruppe ZWISCHENABLAGE im Register START.

Der Aufgabenbereich ZWISCHENABLAGE wird am linken Seitenrand eingeblendet. Wenn Sie Objekte kopieren bzw. ausschneiden, erscheinen sie als Element in der Zwischenablage.

Diese können nun mit einem Mausklick auch mehrfach und in beliebiger Reihenfolge an der Cursorposition eingefügt werden.

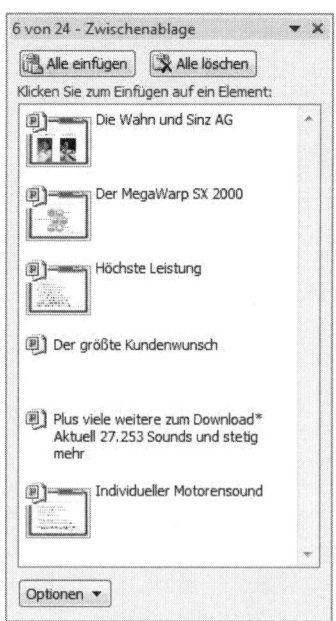

Daten zwischen Anwendungen austauschen

Daten zwischen
verschiedenen
Anwendungen
austauschen

Die Zwischenablage kann auch verwendet werden, um beliebige Elemente zwischen verschiedenen Anwendungen auszutauschen. Dies können nicht nur Objekte aus PowerPoint-Präsentationen, sondern beliebige Elemente, wie beispielsweise Bilder, sein. Die Office-Zwischenablage unterstützt ausschließlich den Datenaustausch mit Microsoft Office-Programmen, beispielsweise Microsoft Excel-Arbeitsmappen oder Microsoft Word-Dokumenten. Die normale Windows-Zwischenablage dagegen können Sie für nahezu alle Anwendungen einsetzen. In jedem Fall müssen beide Dateien geöffnet sein. So gehen Sie dabei vor:

1. Kopieren Sie das gewünschte Element in die Zwischenablage

2. Wechseln Sie über die Taskleiste in das Zieldokument.

3. Positionieren Sie den Cursor an der gewünschten Stelle und fügen Sie den Inhalt der Zwischenablage ein. Bei Verwendung der Office-Zwischenablage müssen Sie diese zuvor öffnen.

4.2. Text formatieren

Zeichenformate

Zur Zeichen
Formatierung muss
Text markiert sein

Zur Textformatierung können Sie in PowerPoint alle Methoden verwenden, die Sie vielleicht bereits von einem Textverarbeitungsprogramm, beispielsweise Microsoft Word, her kennen. Genau wie Word unterscheidet auch PowerPoint zwischen Zeichen- und Absatzformaten. Bevor Sie Text mit Zeichenformaten versehen können, müssen Sie ihn markieren. Ausnahme: um ein Wort zu formatieren, genügt es, wenn sich der Cursor im Wort befindet. Bei Absatzformatierungen muss sich der Cursor innerhalb des Absatzes befinden. Um gleich mehreren Abätzen ein Absatzformat zuzuweisen, müssen Sie diese ebenfalls markieren.

Register START

Die Schaltflächen zur Formatierung finden Sie im Register START in den beiden Gruppen SCHRIFTART und ABSATZ.

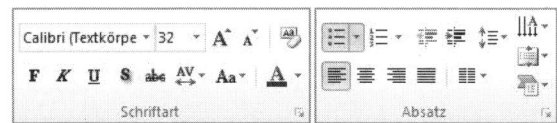

Sobald Text markiert ist, erscheinen einige der wichtigsten Formatierungsmöglichkeiten auch in Form einer Minisymbolleiste direkt im Text.

Minisymbolleiste im Text

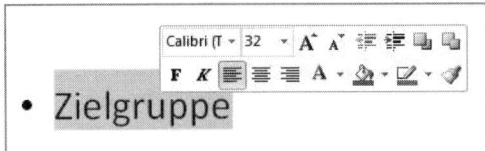

Schrift

Eine Liste der verfügbaren Schriftarten erscheint, wenn Sie im Register START, Gruppe SCHRIFTART oder in der Minisymbolleiste auf den Dropdown-Pfeil des Feldes SCHRIFTART klicken. Das Feld SCHRIFTGRÖßE rechts daneben legt die Schriftgröße bzw. den Schriftgrad fest. Schriftgrößen werden in dem typografischen Maß Punkt (pt) angegeben, ein Punkt entspricht etwa 0,35 mm. Über die beiden Schaltflächen SCHRIFTART VERGRÖßERN/ VERKLEINERN lässt sich die Schriftgröße schnell ändern: jeder Mausklick vergrößert bzw. verkleinert die Schrift um jeweils 1 Stufe.

Calibri (Textkörpe ▾
SCHRIFTART

32 ▾
SCHRIFTGRÖßE

A˙ A˙
SCHRIFTART VERGRÖßERN/ VERKLEINERN

Die Schaltfläche SCHRIFTFARBE bietet zunächst Farbabstufungen des gewählten Designs an, alle übrigen Farben erscheinen nach einem Mausklick auf den Befehl WEITERE FARBEN…

A ▾
SCHRIFTFARNE

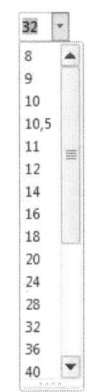
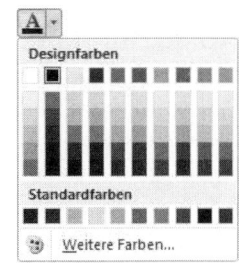

Weitere Schriftformate

Symbol	Format
F K U	Fett, Kursiv, Unterstrichen
abc	Durchgestrichen
AV ↔ ▾	Zeichenabstand
S	Textschatten
Aa ▾	Großbuchstaben, Groß-/ Kleinschreibung

Tipp: Die Schaltfläche ALLE FORMATIERUNGEN LÖSCHEN entfernt alle nachträglich vorgenommenen Formatierungen und stellt das ursprüngliche Aussehen wieder her.

ALLE FORMATIERUNGEN LÖSCHEN

Das Dialogfenster
SCHRIFTART

Eine Zusammenstellung aller Schriftformate enthält das Dialogfenster SCHRIFTART, welches Sie mit einem Mausklick auf den Pfeil der Gruppe SCHRIFTART öffnen. Hier können Sie auch einige nicht im Menüband enthaltene Formatierungen vornehmen, beispielsweise KAPITÄLCHEN oder HOCH- bzw. TIEFGESTELLT.

Absatzformate

Ausrichtung und Abstände

Die Schaltflächen LINKSBÜNDIG, ZENTRIERT, RECHTSBÜNDIG und BLOCKSATZ steuern die horizontale Ausrichtung eines Absatzes innerhalb eines Platzhalters.

Zeilenabstand und
Abstand zwischen
Absätzen

Die Schaltfläche ZEILENABSTAND ändert den Anstand zwischen den Zeilen eines Absatzes. Weitergehende Möglichkeiten wie Abstände zwischen Absätzen, ändern Sie mit dem Befehl ZEILENABSTANDSOPTIONEN…

Mit der Schaltfläche SPALTEN bietet PowerPoint auch die Möglichkeit, Text in mehreren Spalten innerhalb eines Platzhalterfeldes anzuordnen. Der Spaltenwechsel erfolgt automatisch.

Aufzählungszeichen und Nummerierung

Absätze werden meist
automatisch mit
Aufzählungszeichen
versehen

In den meisten Folienlayouts wird jeder Absatz während der Eingabe automatisch mit einem Aufzählungszeichen versehen. Die verwendeten Zeichen sind abhängig von der gewählten Vorlage bzw. vom Design. Sie können jedoch jederzeit die Aufzählungszeichen entweder deaktivieren oder andere Zeichen wählen.

AUFZÄHLUNGSZEICHEN

Klicken Sie dazu auf die Schaltfläche AUFZÄHLUNGSZEICHEN und wählen Sie das gewünschte Zeichen bzw. die Option KEINE. Um individuelle Zeichen zu definieren, öffnen Sie mit einem Mausklick auf den Befehl NUMMERIERUNG UND AUFZÄHLUNGS-ZEICHEN… das Dialogfenster.

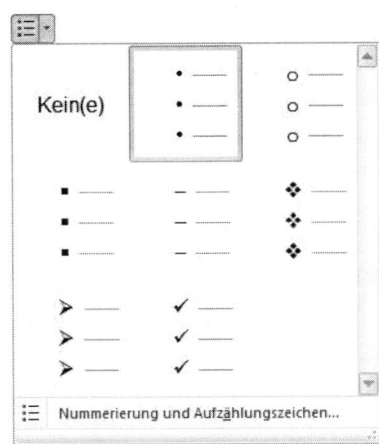

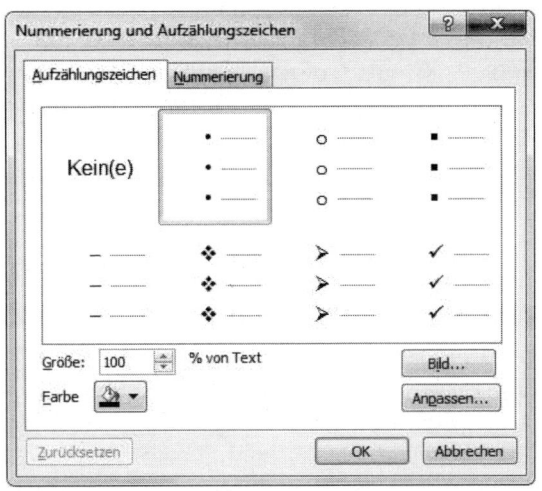

Die Schaltfläche BILD… öffnet ein Dialogfenster mit verschiedenen Bildelementen aus der Clip-Art Sammlung. Die Größe der ausgewählten Grafik in Relation zur Textgröße kann über die kleinen Pfeile des Feldes GRÖßE angepasst werden. Wenn Sie ein Symbol aus einer Symbolschriftart, beispielsweise Wingdings, verwenden möchten, dann klicken Sie auf die Schaltfläche ANPASSEN…. In diesem Fall können Sie auch die Farbe des Symbols wählen.

ClipArt-Symbole oder Symbolschriftart

Genauso verfahren Sie, wenn Sie anstelle der Aufzählungszeichen eine automatische, fortlaufende Nummerierung verwenden wollen. Klicken Sie dazu auf die Schaltfläche NUMMERIERUNG und wählen Sie die gewünschte Vorlage aus.

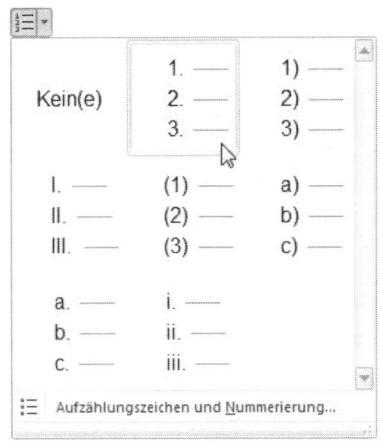

Absätze nummerieren

Weitergehende Möglichkeiten finden Sie wieder im Dialogfenster NUMMERIERUNG UND AUFZÄHLUNGSZEICHEN, Register NUMMERIE-RUNG, siehe oben.

Gliederungen

Einrückungen und Gliederungen sind wichtige Elemente der Textgestaltung. PowerPoint unterstützt bis zu fünf Gliederungsebenen, jede Ebene besitzt eine eigene Formatierung: Unterpunkte werden eingerückt und erhalten evtl. ein anderes Aufzählungszeichen sowie eine kleinere Schrift. Je nach Vorlage unterscheiden sich die Gliederungsebenen unter Umständen auch in der Schriftfarbe.

Gliederungsebenen wird automatisch eine Formatierung zugewiesen

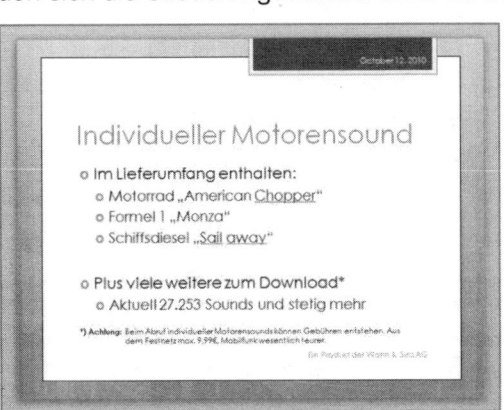

LISTENEBENE
VERRINGERN/ ERHÖHEN

Höher/ tiefer stufen

Mit den beiden Symbolen LISTENEBENE ERHÖHEN und LISTENEBENE VERRINGERN im Register START, Gruppe ABSATZ, stufen Sie den aktuellen Absatz um jeweils eine Ebene höher oder tiefer. Während der Eingabe können Sie auch die folgenden Tasten verwenden.

- **Eine Stufe tiefer:** Drücken Sie am Beginn des Absatzes die Tabulator-Taste
- **Eine Stufe höher:** Drücken Sie die Tasten Umschalt + Tabulator-Taste

Weitere Möglichkeiten der Textausrichtung

Die Schaltflächen TEXT AUSRICHTEN und TEXTRICHTUNG (Register START, Gruppe ABSATZ) legen die Ausrichtung innerhalb der Platzhalter fest. Sie beziehen, im Gegensatz zu den oben aufgeführten Absatzformaten immer den gesamten Inhalt des Textfeldes ein, es genügt also, wenn sich der Cursor innerhalb des Textfeldes befindet. Mit der Schaltfläche TEXT AUSRICHTEN ändern Sie die vertikale Ausrichtung, standardmäßig ist Text oben ausgerichtet.

Beziehen sich auf den
gesamten Platzhalter

Text ausrichten ▾

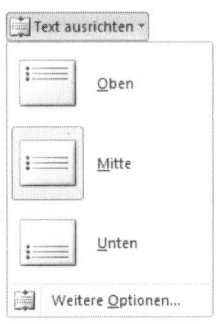

Textrichtung ▾

Mit der Schaltfläche TEXTRICHTUNG können Sie den Inhalt eines Textfeldes drehen oder stapeln.

4.3.   Mit Platzhaltern und Textfeldern arbeiten

Größe und Position

Größe ändern

Größenänderung

Zur Eingabe von Text verwenden Sie in PowerPoint Platzhalter. Größe und Position dieser Felder sind abhängig vom jeweiligen Folienlayout. Sobald Sie mit der Maus in ein Textfeld klicken, erscheint um das Feld ein Rahmen mit Anfasspunkten. Diese Punkte verwenden Sie, um die Größe des Feldes zu ändern. Zeigen Sie dazu auf einen der Punkte und achten Sie auf den Mauszeiger, er ändert sein

Aussehen in einen Doppelpfeil. Drücken Sie nun die linke Maustaste und ziehen Sie mit gedrückter Maustaste in eine der beiden Richtungen, um das Feld zu vergrößern bzw. zu verkleinern.

Verschieben

Zum Verschieben zeigen Sie mit der Maus an eine beliebige Stelle des Markierungsrahmens. Am Mauszeiger erscheinen vier Richtungspfeile, das bedeutet Sie können mit gedrückter linker Maustaste das gesamte Feld in alle Richtungen verschieben, ohne dabei die Größe zu verändern.

Verschieben

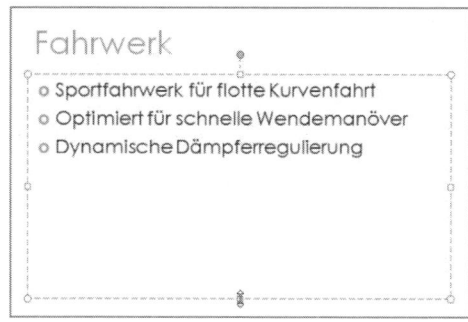

Vergrößern/ Verkleinern   Verschieben

Freies Drehen

Der grüne Punkt oberhalb der Rahmenlinie eines markierten Textfeldes dient dazu, das gesamte Feld frei zu drehen. Sobald Sie mit der Maus auf den Punkt zeigen ändert sich das Aussehen des Mauszeigers und Sie können mit gedrückter linker Maustaste das Textfeld beliebig drehen.

Drehen

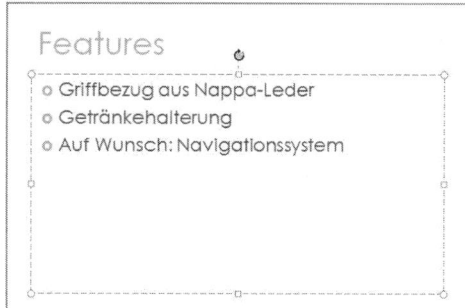

Automatisches Anpassen der Platzhalter

Vielleicht haben Sie schon das kleine Symbol bemerkt, das automatisch erscheint, wenn die Größe des Feldes nicht ausreicht, um den gesamten Text aufzunehmen. Dieser Smarttag bedeutet, dass der Text durch Verkleinern der Schriftgröße automatisch an die Größe des Textfeldes angepasst wurde.

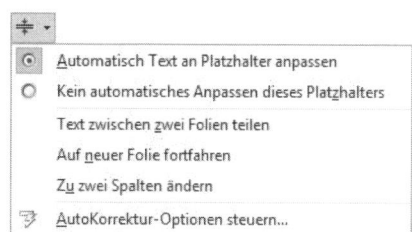

Automatisches Anpassen

Klicken Sie auf den Smarttag, um bei Bedarf das automatische Anpassen zu deaktivieren oder den Text anderweitig aufzuteilen.

Wählen Sie ein anderes Layout.

Neues Textfeld einfügen

Benötigen Sie in einer Folie außerhalb eines Platzhalters zusätzliche Beschriftungen, dann müssen Sie ein Textfeld einfügen.

1. Klicken Sie dazu im Register EINFÜGEN, Gruppe TEXT auf die Schaltfläche TEXTFELD. Der Mauszeiger erscheint in der Folie als Fadenkreuz

Register EINFÜGEN, Gruppe TEXT

2. Klicken Sie nun mit der Maus in der Folie an die gewünschte Stelle und beginnen Sie mit der Texteingabe. Die Größe des Textfeldes wird automatisch an den Text angepasst.

Textfeld markieren, löschen

Achten Sie auf die Rahmenlinie

Viele Bearbeitungsschritte setzen voraus, dass ein Platzhalter bzw. Textfeld markiert ist. Markierte Textfelder erkennen Sie am Rahmen mit den Anfasspunkten. PowerPoint unterscheidet allerdings zwischen zwei Arten der Markierung, vielleicht haben Sie schon bemerkt, dass PowerPoint zwei verschiedene Rahmenarten verwendet:

Bearbeiten-Modus

Text eingeben und bearbeiten

Ein gestrichelter Rahmen bedeutet, dass sich das Textfeld im Bearbeiten-Modus befindet, Sie können also Text eingeben, bearbeiten und löschen. Zur Zeichenformatierung, beispielsweise Änderung der Schriftgröße, müssen Sie in diesem Modus die gewünschten Zeichen markieren. Der Bearbeiten-Modus wird aktiviert, wenn Sie mit der Maus einfach in das Textfeld klicken, im Textfeld erscheint der Cursor und der Mauszeiger ist als senkrechter Strich sichtbar.

Das gesamte Textfeld markieren

Textfeld formatieren

Eine durchgezogene Rahmenlinie bedeutet hingegen dass das gesamte Textfeld markiert ist, eine Texteingabe ist nicht möglich. Änderungen der Formatierung wirken sich auf den gesamten Inhalt des Textfeldes aus. Um das gesamte Textfeld zu markieren klicken Sie auf eine beliebige Stelle des Rahmens, am Mauszeiger werden vier Richtungspfeile sichtbar.

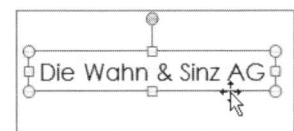

Sobald das Textfeld auf diese Weise markiert ist, können Sie es durch Drücken der Entf-Taste löschen.

Textfelder oder Platzhalter, die Sie nicht benötigen, müssen nicht zwingend gelöscht werden. Erfolgt in ein Feld keine Eingabe, so erscheint es später auch nicht in der eigentlichen Präsentationsansicht.

4.4. SmartArt-Grafik verwenden

Grafische Textlayouts, z.B. für Organisationsdiagramme

Als SmartArt-Grafik bezeichnet PowerPoint 2010 eine Sammlung von grafischen Layouts zur visuellen Darstellung von Textinformationen, die Sie anstelle von Platzhaltern oder Textfeldern verwenden können.

SmartArt einfügen

Zum Einfügen klicken Sie entweder in einem entsprechenden Folienlayout auf das Symbol SMARTART-GRAFIK EINFÜGEN oder Sie verwenden im Register EINFÜGEN, Gruppe ILLUSTRATIONEN die Schaltfläche SMARTART.

Markieren Sie anschließend im Fenster SMARTART-GRAFIK AUSWÄHLEN im linken Bereich eventuell zunächst eine Kategorie. Der mittlere Bereich zeigt alle verfügbaren Layouts an. Mit einem Mausklick markieren Sie ein Layout und sehen im rechten Bereich eine Vorschau. Klicken Sie auf die Schaltfläche OK, um das Layout in die Folie zu übernehmen.

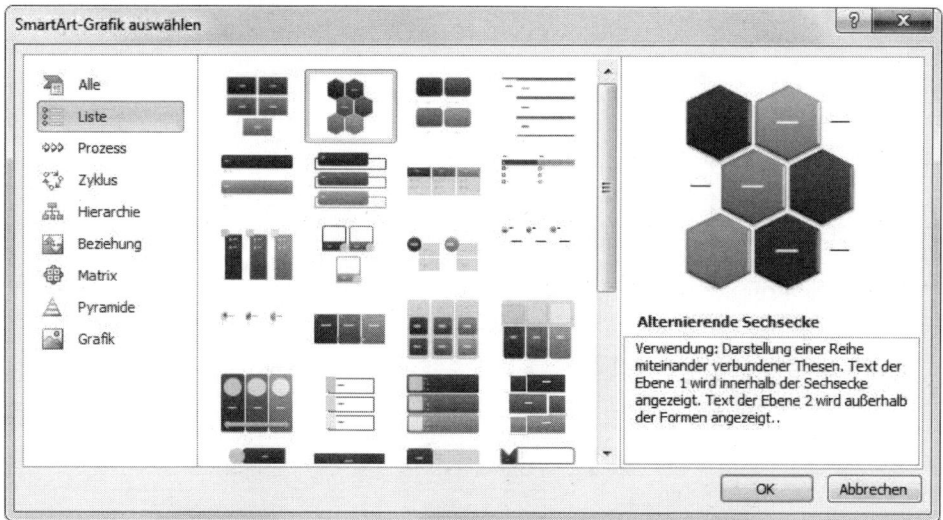

Gleichzeitig öffnet PowerPoint einen Textbereich zur Texteingabe, die Platzhalterfelder werden während der Eingabe im Textbereich automatisch aktualisiert. Alternativ können Sie auch durch Klicken direkt in die Platzhalterfelder Text eingeben. Den Textbereich schließen Sie mit einem Klick auf die SCHLIEßEN-Schaltfläche.

Geben Sie Text in die Platzhalterfelder oder im Textbereich ein

Um den Textbereich wieder einzublenden, klicken Sie mit der Maus auf die Leiste am linken Rand des Platzhalterfeldes oder verwenden im Register ENTWURF, Gruppe GRAFIK ERSTELLEN die Schaltfläche TEXTBEREICH.

Eventuell nicht überschriebener Platzhaltertext ist in der Bildschirmpräsentation nicht sichtbar, die Formen selbst werden immer angezeigt. Nicht benötigte Formen können wie Textfelder markiert und mit der Entf-Taste gelöscht werden.

Löschen Sie nicht benötigte Formen mit der Entf-Taste

Beachten Sie, dass das Register ENTWURF nur zur Verfügung steht, wenn Sie eine SmartArt-Grafik markiert haben.

Weitere Formen hinzufügen

Formen hinzufügen

Um weitere Formen einzufügen klicken Sie im Register ENTWURF in der Gruppe GRAFIK ERSTELLEN auf die Schaltfläche FORM HINZUFÜGEN und wählen die Position der Form aus.

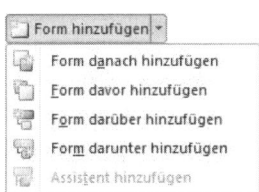

SmartArt formatieren

Für den eingegebenen Text können Sie anschließend alle bekannten Formatierungen verwenden. Weitere Gestaltungsmöglichkeiten, beispielsweise für Form und Farbe der SmartArt-Grafikelemente, stellen die Register SMARTART-TOOLS – ENTWURF bzw. FORMAT zur Verfügung.

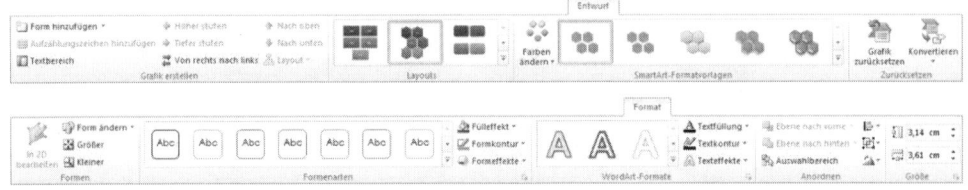

Bei Layout-Änderungen bleiben alle Formatierungen erhalten

So können Sie beispielsweise im Register ENTWURF in der Gruppe LAYOUTS nachträglich der SmartArt-Grafik ein anderes Layout zuweisen, oder in der Gruppe SMARTART-FORMATVORLAGEN zwischen verschiedenen vordefinierten Formatvorlagen wählen. Die Schaltfläche GRAFIK ZURÜCKSETZEN entfernt alle nachträglichen Formatierungen und stellt das ursprüngliche Aussehen wieder her. Mit den Werkzeugen im Register FORMAT können Sie Ihre SmartArt-Grafik noch besser nach Ihren individuellen Wünschen anpassen.

4.5. WordArt verwenden

WordArt: grafische Schrifteffekte

Mit WordArt steht in PowerPoint eine Sammlung verschiedener grafischer Schrifteffekte zur erweiterten Textformatierung zur Verfügung. Um einen Text mit WordArt zu formatieren, markieren Sie entweder den Text oder das gesamte Platzhalterfeld und klicken auf das Register ZEICHENTOOLS - FORMAT. In der Gruppe WORDART-FORMATE stehen zur Vorlage bzw. zum Design passende Formate zur Verfügung. Klicken Sie auf den Pfeil um eine Galerie mit allen Vorlagen anzuzeigen.

WordArt-Format auswählen

Die weiteren Schaltflächen der Gruppe WordArt

Schaltfläche	Beschreibung
![Textfüllung]	Ändert die Textfarbe bzw. die Füllfarbe der Zeichen
![Textkontur]	Ändert die Rahmenfarbe der Zeichen

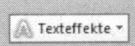	Fügt Effekte wie z.B. Schatten, Spiegelung und 3D-Drehung hinzu

Sie können auch anstelle eines Platzhalters oder Textfeldes ein WordArt-Feld einfügen. Klicken Sie dazu im Register EINFÜGEN, Gruppe TEXT auf die Schaltfläche WORDART und wählen Sie das gewünschte WordArt-Format. PowerPoint fügt ein Platzhalterfeld ein, der Beispieltext ist bereits markiert, Sie brauchen nur noch Ihren Text über die Tastatur eingeben.

WordArt anstelle eines Textfeldes einfügen

Register EINFÜGEN, Gruppe TEXT

4.6. Kopf- und Fußzeilen einfügen

Unabhängig vom jeweiligen Folienlayout können Sie in der Kopf- oder Fußzeile noch weitere Angaben, beispielsweise Ihren Namen, bzw. Ihre Firma, Datum oder Seitenzahlen hinzufügen. Die Inhalte von Kopf- oder Fußzeile erscheinen automatisch auf jeder Folie. Wählen Sie dazu das Register EINFÜGEN und klicken Sie in der Gruppe TEXT auf die Schaltfläche KOPF- UND FUßZEILE. Im sich öffnenden Dialogfenster steuern Sie im Register FOLIE die Anzeige auf den Folien, Einstellungen im Register NOTIZBLÄTTER UND HANDZETTEL beziehen sich auf Ausdrucke.

Register EINFÜGEN, Gruppe TEXT

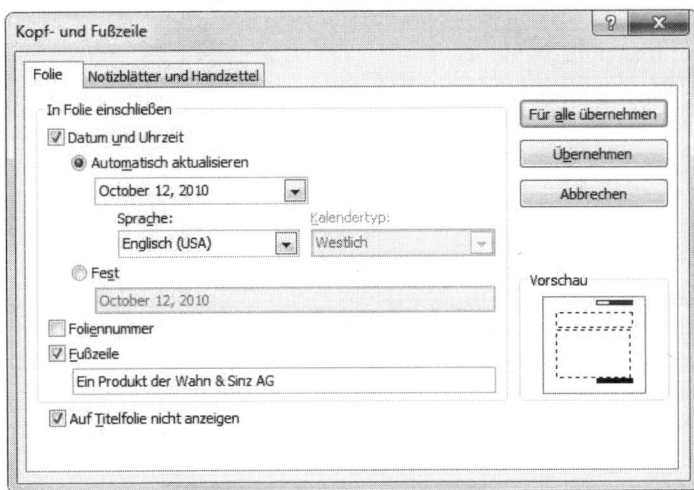

Insgesamt stehen Ihnen drei Platzhalter zur Verfügung, in der Vorschau rechts sehen Sie deren Position in der Folie.

- Datum und Uhrzeit können entweder fest oder automatisch aktualisierbar eingegeben werden.
- Das Kontrollkästchen FOLIENNUMMER aktiviert eine automatische Nummerierung aller Folien.
- In die Fußzeile können Sie beliebigen Text eingeben.

Wenn die Inhalte von Kopf- und Fußzeile auf der Titelfolie, genauer gesagt auf Folien mit einem Titellayout, nicht erscheinen sollen, dann aktivieren Sie darunter das entsprechende Kontrollkästchen.

Auf Titelfolie nicht anzeigen

Um die Einstellungen für alle Folien der Präsentation zu übernehmen, verwenden Sie die Schaltfläche FÜR ALLE ÜBERNEHMEN. Mit der Schaltfläche ÜBERNEHMEN erscheinen die Inhalte der Fußzeile dagegen ausschließlich auf der aktuellen Folie.

Aktuelle Folie oder alle Folien

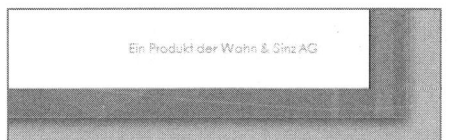

Beispiel Fußzeile

Beispiel Kopfzeile

Siehe Lektion 8.,
Folienmaster

Hinweis: Die Position der Kopf- und Fußzeilenfelder hängt von der gewählten Vorlage bzw. vom Design ab. Um dies zu ändern, müssen Sie die Position der Platzhalter in der Ansicht Folienmaster verändern. Wie Sie dabei vorgehen, erfahren Sie in Lektion 8.

4.7. Zusammenfassung

- Bei der Texteingabe und Textkorrektur können Sie alle Möglichkeiten verwenden, die Sie eventuell bereits von einem Textverarbeitungsprogramm her kennen. Genau wie Microsoft Word verfügt auch PowerPoint über eine integrierte Rechtschreibprüfung, die alle Ausdrücke kennzeichnet, die nicht in einem Wörterbuch enthalten sind. Diese Kennzeichnung erscheint nicht in der Bildschirmpräsentation. Im Gegensatz dazu korrigiert die AutoKorrektur bereits während der Eingabe und wandelt beispielsweise den ersten Buchstaben am Absatzanfang in einen Großbuchstaben um. Über Smarttags können Sie die AutoKorrektur wieder rückgängig machen.

- Zur Texteingabe verwenden Sie in PowerPoint die Platzhalterfelder des Folienlayouts, die mit der Maus beliebig vergrößert, verkleinert, verschoben und gedreht werden können. Weitere Felder können Sie als Textfelder an beliebiger Stelle in eine Folie einfügen. Als Sonderform lassen sich mit SmartArt verschiedene grafische Textlayouts in eine Folie einfügen. Damit können Sie beispielsweise Organisationsdiagramme erstellen.

- Bei Platzhaltern und Textfeldern kennt PowerPoint den Bearbeiten-Modus, in dem Sie Text eingeben, bearbeiten und löschen. In diesem Modus erscheint der Rahmen als gestrichelte Linie. Ist dagegen der gesamte Platzhalter markiert, so bildet der Rahmen eine durchgezogene Linie und alle Bearbeitungen wie Änderungen der Formatierung oder löschen beziehen sich auf das gesamte Feld.

- Bei der Textformatierung unterscheidet PowerPoint zwischen Zeichen- und Absatzformaten, hinzu kommen Formate zur Textausrichtung, die sich immer auf den gesamten Inhalt eines Textfeldes beziehen. Standardmäßig wird Text entsprechend dem gewählten Design formatiert, zusätzlich stehen Ihnen alle Möglichkeiten der Textformatierung zur Verfügung.

- Weitere Elemente einer Folie befinden sich in der Kopf- oder Fußzeile. Standardmäßig können Sie die Foliennummern, ein Datum und beliebigen Fußzeilentext aktivieren.

Bemerkungen:

_____

_____

_____

5. Grafik und Zeichnungselemente einfügen und bearbeiten

In dieser Lektion lernen Sie

- ClipArt-Grafiken und Grafik aus Datei einfügen
- Grafikobjekte positionieren und bearbeiten
- Folien mit Zeichnungselementen gestalten
- Zeichnungselemente formatieren
- Objekte anordnen und ausrichten

Was Sie für diese Lektion wissen sollten

- Mit Folien und Folienlayouts arbeiten

Texte und Zahlen für sich sind abstrakt, visualisieren Sie daher wichtige Sachverhalte mit Grafiken und Bildern. Die meisten PowerPoint-Layouts sehen nicht nur reine Texteingabe vor, sondern bieten auch die Möglichkeit, grafische Elemente einzufügen. Die Platzhalter dieser Layouts sind mit entsprechenden Symbolen gekennzeichnet. Zusätzliche Hilfsmittel bei der Foliengestaltung sind Zeichnungsobjekte wie Rechtecke, Kreise, Pfeile oder Legenden.

5.1. Grafik und ClipArt

Grafikobjekte einfügen

Um Grafikobjekte einzufügen, wählen Sie ein Folienlayout mit einem entsprechenden Platzhalterfeld. Klicken Sie anschließend innerhalb des Platzhalterfeldes auf das Symbol GRAFIK AUS DATEI EINFÜGEN oder auf das Symbol CLIPART.

Platzhalterfelder für Tabellen, Grafiken, Diagramme, ...

ClipArt

Mit der Schaltfläche CLIPART können Sie für die Gestaltung Ihrer Präsentation auf eine Sammlung in PowerPoint integrierter Grafiken zugreifen, weitere ClipArts stehen über das Internet zur Verfügung. Zum Einfügen klicken Sie auf das Symbol CLIPART. Damit wird am rechten Bildschirmrand der Bereich CLIPART geöffnet.

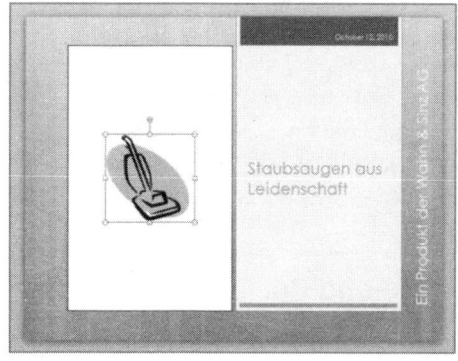

Zum Einfügen klicken Sie auf die gewünschte Grafik

Klicken Sie in das Feld SUCHEN NACH, geben Sie einen oder mehrere Suchbegriffe ein und klicken Sie anschließend auf die Schaltfläche OK. Darunter erscheint eine Vorschau der Suchergebnisse, zum Einfügen klicken Sie auf die gewünschte Grafik. Sollte eine Suche keine Ergebnisse liefern, dann sollten Sie es mit einem anderen, etwas weiter gefassten Suchbegriff versuchen. Liefert beispielsweise der Begriff "Buche" kein Ergebnis, dann sollten Sie es mit dem Suchbegriff "Baum" probieren.

Weitere Möglichkeiten der Suche:

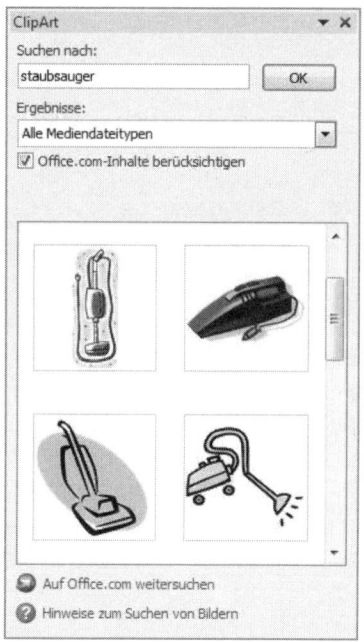

- Mit dem Auswahlfeld ERGEBNISSE können Sie die Ergebnisse auf einen bestimmten Dateityp einschränken, beispielsweise ausschließlich ClipArt oder Fotos.

Suche auf bestimmte Ergebnisse beschränken

- Um auch im Internet verfügbare ClipArts zu durchsuchen, aktivieren Sie das Kontrollkästchen OFFICE.COM-INHALTE BERÜCKSICHTIGEN.

Grafik aus Datei einfügen

Zum Einfügen einer Grafik die als Datei auf Ihrer Festplatte gespeichert ist, beispielsweise ein Foto oder Firmenlogo, öffnen Sie mit einem Mausklick auf das Symbol das Fenster GRAFIK EINFÜGEN. Wählen Sie den Ordner, der die Grafik enthält, markieren Sie die gewünschte Datei und klicken Sie auf die Schaltfläche EINFÜGEN.

Weitere Grafik einfügen

Register EINFÜGEN, Gruppe BILDER

Alle Grafiken können Sie auch unabhängig vom gewählten Layout und damit an jeder beliebigen Stelle einer Folie einfügen und so beispielsweise die Titelfolie um eine Grafik ergänzen. Klicken Sie dazu im Register EINFÜGEN, Gruppe BILDER, auf die Schaltfläche CLIPART oder GRAFIK. Die Grafik wird zunächst in der Mitte der Folie eingefügt, daher müssen Sie als nächsten Schritt die Grafik an der gewünschten Stelle platzieren und meist auch noch die Größe der Grafik anpassen.

Größe und Position anpassen

Grafik markieren

Zum Markieren klicken Sie mit der Maus an eine beliebige Stelle innerhalb der Grafik. Eine markierte Grafik können Sie mit der Entf-Taste der Tastatur auch wieder löschen. Nicht nur Textfelder, sondern auch markierte Grafiken erkennen Sie am Markierungsrahmen mit den Anfasspunkten. Achten Sie beim Bearbeiten auf den Mauszeiger.

Löschen mit der Entf-Taste

Mauszeiger

Befehl	Beispiel
Verschieben Zum Verschieben zeigen Sie mit der Maus auf die Grafik. Am Mauszeiger werden vier Richtungspfeile sichtbar, das bedeutet Sie können die Grafik mit gedrückter linker Maustaste in jede beliebige Richtung verschieben.	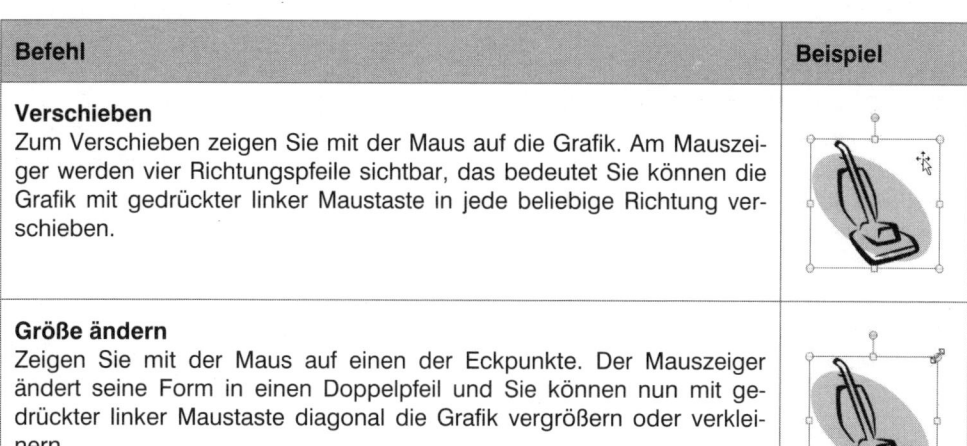
Größe ändern Zeigen Sie mit der Maus auf einen der Eckpunkte. Der Mauszeiger ändert seine Form in einen Doppelpfeil und Sie können nun mit gedrückter linker Maustaste diagonal die Grafik vergrößern oder verkleinern.	
Grafik drehen Zeigen Sie mit der Maus auf den grünen Punkt oberhalb der Grafik. Der Mauszeiger erscheint als kreisförmiger Pfeil und Sie können nun mit gedrückter linker Maustaste die Grafik frei drehen.	

Achtung: Verwenden Sie zur Größenänderung ausschließlich die Eckpunkte, um das ursprüngliche Seitenverhältnis beizubehalten! Wenn Sie dagegen eine Grafik mit den Anfasspunkten in der Mitte einer Seite vergrößern oder verkleinern, so ändern Sie ausschließlich die Breite oder Höhe: Die Grafik wird verzerrt.

Verwenden Sie zur Größenänderung ausschließlich die Eckpunkte

Beispiel: Verzerrte Grafik

Um die Größe einer Grafik exakt in Zentimeter (cm) anzugeben, verwenden Sie die Felder HÖHE und BREITE, die Sie im Register BILDTOOLS - FORMAT, Gruppe GRÖSSE finden.

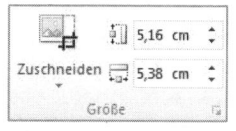

Nicht benötige Bildbereiche entfernen Sie, indem Sie die Grafik zuschneiden. Klicken Sie dazu auf die Schaltfläche ZUSCHNEIDEN. Das Aussehen der Anfasspunkte und des Mauszeigers ändert sich. An den vorgegebenen Markierungen können Sie nun die Ränder der Grafik abschneiden. Sie haben auch die Möglichkeit, die Grafik auf eine bestimmte Form oder in einem bestimmten Seitenverhältnis zuzuschneiden.

Grafik zuschneiden

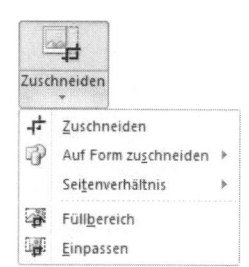

Grafik formatieren

Zur Bearbeitung von Grafik oder ClipArt steht Ihnen im Menüband das Register BILDTOOLS - FORMAT mit Schaltflächen zur Grafikbearbeitung zur Verfügung.

Verwenden Sie das Register FORMAT

Grafik mit Effekten versehen

In der Gruppe BILDFORMATVORLAGEN finden Sie eine Auswahl an verschiedenen Vorlagen, um eine Grafik schnell mit passenden Effekten zu versehen. Klicken Sie auf den Pfeil, um eine Galerie mit allen zur Verfügung stehenden Effektzusammenstellungen zu öffnen.

Wenn Sie mit der Maus auf eine der Vorlagen zeigen, sehen Sie an der markierten Grafik eine Vorschau. Mit einem Mausklick übernehmen Sie die Vorlage.

Mit den Schaltflächen GRAFIKRAHMEN und BILDEFFEKTE können Sie Rahmen- und Bildeffekte auch individuell kombinieren.

Bild bearbeiten

Das Bild selbst können Sie mit den Schaltflächen der Gruppe ANPASSEN bearbeiten. Beachten Sie aber, dass PowerPoint gegenüber einem professionellen Bildbearbeitungsprogramm nur über eingeschränkte Möglichkeiten verfügt.

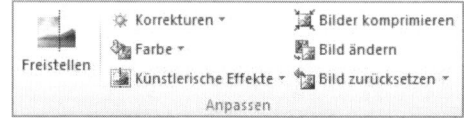

Die Möglichkeiten zur Bildbearbeitung:

Befehl	Beschreibung
Freistellen	Ermöglicht es, Bildbereiche transparent zu machen und so den Hintergrund von Bildern zu entfernen.
Korrekturen	Erlaubt Anpassungen der Schärfe, der Helligkeit und des Kontrastes.
Farbe	Hiermit können Sie den Farbton ändern bzw. das Bild neu einfärben.
Künstlerische Effekte	Bietet verschiedene Effekte, um Bilder stärker zu verfremden.
Bilder komprimieren	Große Bilder benötigen viel Speicherplatz. Um die Dateigröße einer Präsentation zu verringern, können Sie das markierte Bild oder alle Bilder der Präsentation komprimieren
Bild ändern	Damit fügen Sie anstelle der markierten Grafik ein anderes Bild ein, Größe und alle Formatierungen der aktuellen Grafik bleiben erhalten.
Bild zurücksetzen	Damit verwerfen Sie alle vorgenommenen Änderungen, die Grafik erhält wieder das ursprüngliche Aussehen.

Enthält Ihre Präsentation sehr viele Fotos oder möchten Sie die Präsentation per E-Mail versenden, dann sollten Sie die Möglichkeit der Komprimierung nutzen, um den Speicherplatzbedarf zu verringern.

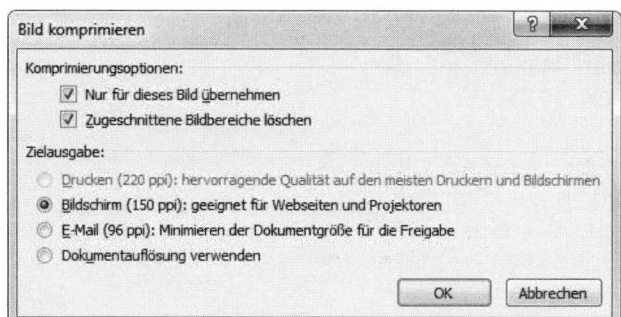

Bild komprimieren um
Speicherplatz zu
sparen

Grafik und Text anordnen

Das zuletzt in die Folie eingefügte Element befindet sich immer im Vordergrund, daher überdeckt eine nachträglich eingefügte Grafik möglicherweise Text, bzw. ein Textfeld im Hintergrund. Um die Reihenfolge zu ändern, bzw. das markierte Textfeld in den Vordergrund zu holen, klicken Sie im Register BILDTOOLS - FORMAT, Gruppe ANORDNEN, auf die Schaltfläche EBENE NACH VORNE. Gegebenenfalls müsssen Sie mehrmals auf die Schaltfläche klicken, da das Element immer nur um eine Ebene nach vorne wandert. Entsprechend können Sie auch die Schaltfläche EBENE NACH HINTEN verwenden, um die Grafik hinter das Textfeld zu setzen.

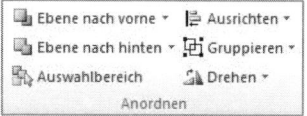

Alternativ klicken Sie auf den kleinen Pfeil neben den Schaltflächen und wählen aus dem Dropdown-Menü IN DEN VORDERGRUND bzw. IN DEN HINTERGRUND, um ein Objekt sofort ganz nach vorne bzw. nach hinten zu setzen.

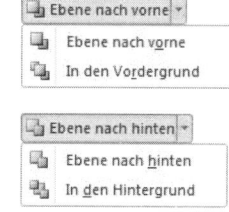

Textfeld hinter der Grafik   Textfeld vor der Grafik

5.2. Zeichnungselemente

Zeichnungselemente verhalten sich in PowerPoint ähnlich wie Grafikobjekte. Um sich mit ihnen vertraut zu machen, sollten Sie die verschiedenen Bearbeitungswerkzeuge am besten in einer neuen Folie mit dem Layout LEER oder NUR TITEL testen.

Zeichnungsobjekte einfügen

Die Schaltfläche FORMEN zum Einfügen von Zeichnungsobjekten finden Sie im Register EINFÜGEN, Gruppe ILLUSTRATIONEN. Nach einem Mausklick auf die Schaltfläche öffnet sich eine Galerie mit allen zur Verfügung stehenden Formen sowie den zuletzt verwendeten Zeichnungsobjekten.

Register EINFÜGEN,
Gruppe ILLUSTRATIONEN

1. Zum Einfügen klicken Sie auf das gewünschte Element. Damit nimmt der Mauszeiger die Form eines Fadenkreuzes an.

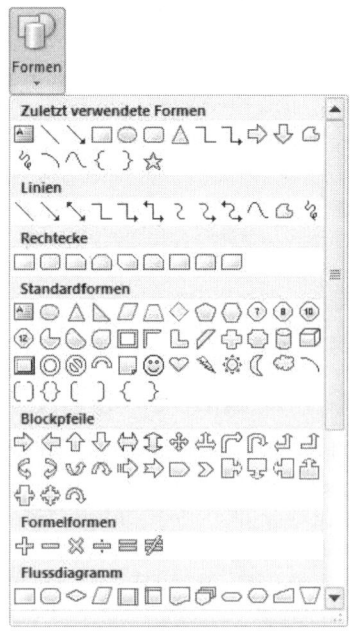

2. Klicken Sie nun in der Folie an die gewünschte Position, das Element wird in der Standardgröße und -form eingefügt. Die Größe und Form kann jederzeit nachträglich geändert werden.

Als Alternative können Sie auch das Objekt während des Einfügens in beliebiger Form und Größe zeichnen. Klicken Sie dazu an einem der Eckpunkte und ziehen Sie mit gedrückter linker Maustaste bis das Objekt die gewünschte Größe hat.

Exakte Formen

Die Form ELLIPSE wird als exakter Kreis eingefügt, wenn Sie während des Zeichnens gleichzeitig die Umschalt-Taste der Tastatur gedrückt halten. Gleiches gilt auch, wenn Sie ein gleichschenkliges Dreieck oder ein Quadrat benötigen.

Größe und Position

Achten Sie auf den Mauszeiger

PowerPoint bezeichnet alle Elemente einer Folie als Objekte. Dabei kann es sich um ein Platzhalterfeld, ein Textfeld, eine Grafik oder ein beliebiges Zeichnungselement handeln. Die Methoden der Bearbeitung aller Objekte sind immer gleich.

Befehl	Beispiel
Verschieben Zum Verschieben zeigen Sie mit der Maus auf das Objekt. Am Mauszeiger werden vier Richtungspfeile sichtbar, das bedeutet Sie können es mit gedrückter linker Maustaste in jede beliebige Richtung verschieben.	
Größe ändern Zeigen Sie mit der Maus auf einen der Eckpunkte. Der Mauszeiger ändert seine Form in einen Doppelpfeil und Sie können nun mit gedrückter linker Maustaste diagonal das Element vergrößern oder verkleinern. **Beachten Sie:** Bei der Größenänderung eines Kreises müssen Sie ebenfalls wieder zusätzlich die Umschalt-Taste gedrückt halten!	
Objekt drehen Zeigen Sie mit der Maus auf den grünen Punkt oberhalb des Objekts. Der Mauszeiger erscheint als kreisförmiger Pfeil und Sie können nun mit gedrückter linker Maustaste das Objekt frei drehen.	

Um die Größe eines Objekts exakt in Zentimeter (cm) anzugeben, verwenden Sie die Felder HÖHE und BREITE, die Sie im Register ZEICHENTOOLS - FORMAT, Gruppe GRÖßE finden.

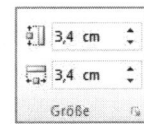

Für exaktes Drehen um 90 Grad verwenden Sie besser die Schaltfläche DREHEN im Register ZEICHENTOOLS - FORMAT, Gruppe ANORDNEN.

Mit den Schaltflächen VERTIKAL/ HORIZONTAL KIPPEN lässt sich ein Objekt auch spiegelverkehrt darstellen.

Exakte Drehung

Weitere Markierungen

Manche Zeichnungsobjekte, wie beispielsweise Legenden oder die verschiedenen Blockpfeile weisen noch zusätzlich einen gelben Markierungspunkt auf. Damit können Sie durch Ziehen mit der Maus auch Größe und Winkel der Pfeilspitze verändern.

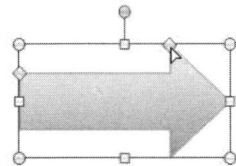

Farben und 3D-Effekte

Zeichnungsobjekten wird beim Einfügen automatisch eine Farbe aus dem gewählten Design zugewiesen. Zum Ändern der Formatierung verwenden Sie im Register ZEICHENTOOLS - FORMAT die Gruppe FORMENARTEN. Klicken Sie auf den Pfeil neben den Vorlagen um eine Galerie mit allen zur Verfügung stehenden Effektzusammenstellungen zu öffnen.

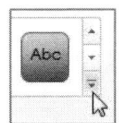

Wenn Sie mit der Maus auf eine der Vorlagen zeigen, sehen Sie am markierten Objekt eine Vorschau. Mit einem Mausklick übernehmen Sie die Vorlage.

Sie können auch unabhängig von den Vorlagen eine eigene Formatierung für das markierte Zeichnungsobjekt festlegen. Hierfür stehen die Schaltflächen FÜLLEFFEKT, FORMKONTUR und FORMEFFEKTE zur Verfügung.

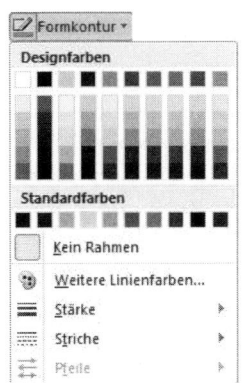

Die Schaltfläche FÜLLEFFEKTE bietet neben der Farbauswahl auch noch die Auswahl von Farbverlauf, verschiedenen Strukturen, oder die Möglichkeit, das markierte Objekt mit einem Bild auszufüllen.

Einen Farbwert nach einem Farbmodell definieren

Mit dem Befehl WEITERE FÜLL- bzw. LINI-ENFARBEN... öffnen Sie ein Dialogfenster, das im Register BENUTZERDEFINIERT auch die genaue Farbauswahl nach einem Farbmodell, beispielsweise dem RGB-Modell, erlaubt. Dies ist vor allem dann wichtig, wenn Sie eine bestimmte Farbe, etwa entsprechend dem Firmenlogo benötigen.

Unterhalb finden Sie ein Feld, über das Sie auch noch die Transparenz der gewählten Farbe festlegen können.

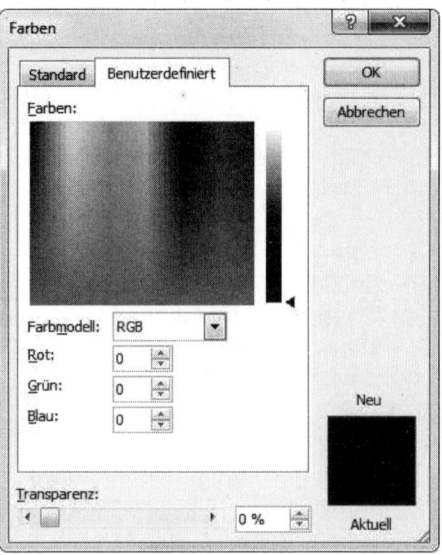

Das Dialogfenster FORM FORMATIEREN

Tipp: Mit einem Mausklick auf den kleinen Pfeil in der unteren rechten Ecke der Gruppe FORMENARTEN öffnen Sie das Dialogfenster FORM FORMATIEREN mit einer Zusammenfassung aller verfügbaren Formate.

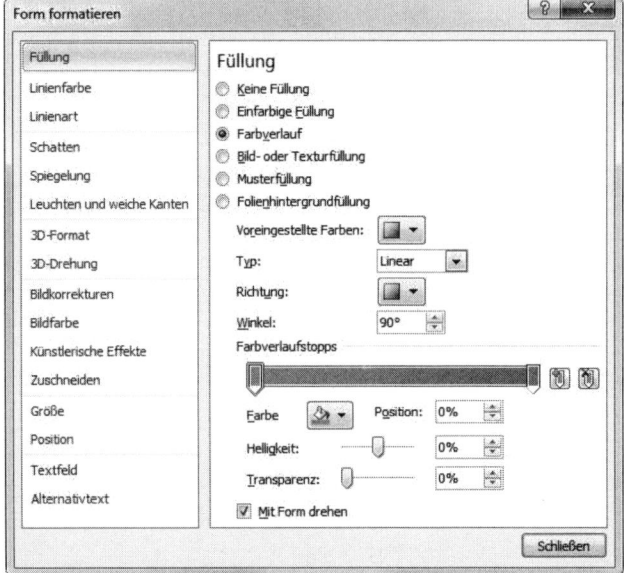

Text hinzufügen

Zeichnungselemente oder Grafik beschriften

Wenn Sie ein Zeichnungsobjekt mit einer Beschriftung versehen möchten, dann können Sie dazu entweder ein Textfeld neben oder unter dem Zeichnungsobjekt platzieren, den Text direkt in das Zeichnungsobjekt einfügen oder eine Legende verwenden.

Textfeld einfügen

Register EINFÜGEN, Gruppe TEXT

Klicken Sie im Register EINFÜGEN, Gruppe TEXT auf die Schaltfläche TEXTFELD und klicken Sie dann an die gewünschte Stelle der Folie. Geben Sie anschließend in das Textfeld Ihren Text ein, die Größe des Feldes passt sich automatisch dem Text an.

Text direkt in das Zeichnungsobjekt einfügen

Sie können Text auch in direkt ein Zeichnungsobjekt einfügen. Dazu klicken Sie mit der rechten Maustaste in das Objekt und wählen aus dem Kontextmenü den Befehl TEXT BEARBEITEN. Geben Sie nun Ihren Text ein.

Legende einfügen

Bei einer Legende handelt es sich eigentlich um ein spezielles Zeichnungsobjekt. Dieses besteht in der Regel aus einem Textfeld und einem Pfeil bzw. einer Verbindungslinie. Wählen Sie im Formenkatalog eine Legende aus der Kategorie LEGENDEN und formatieren Sie sie wie gewohnt. Zuletzt fügen Sie mit dem Befehl TEXT BEARBEITEN aus dem Kontextmenü der rechten Maustaste Text hinzu und verschieben die Verbindungslinie, so dass sie auf das gewünschte Objekt zeigt.

Der MegaWarp SX 2000

5.3. Mit Zeichnungs- und Grafikobjekten arbeiten

Reihenfolge der Objekte ändern

Überlappende Objekte werden standardmäßig in derjenigen Reihenfolge angeordnet, in der Sie nacheinander eingefügt wurden. Das bedeutet, dass sich das zuletzt eingefügte Objekt im Vordergrund befindet. Um ein Objekt nachträglich in der Reihenfolge zu verschieben, markieren Sie das Objekt und klicken im Register ZEICHENTOOLS – FORMAT, Gruppe ANORDNEN auf die Schaltflächen EBENE NACH VORNE bzw. NACH HINTEN. Um das Objekt in den Vorder- bzw. Hintergrund zu setzen, klicken Sie auf den Dropdown-Pfeil der Schaltflächen und wählen Sie den Befehl IN DEN VORDER-GRUND bzw. IN DEN HINTERGRUND.

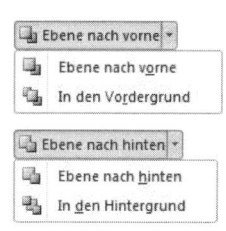

Reihenfolge bei überlappenden Objekten ändern

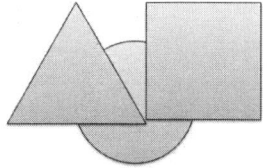

Enthält Ihre Folie eine Vielzahl von Objekten, so ist es einfacher, wenn Sie zum Anordnen den so genannten Auswahlbereich verwenden. Diesen öffnen Sie durch Klicken auf die Schaltfläche AUSWAHLBEREICH im Register ZEICHENTOOLS - FORMAT, Gruppe ANORDNEN.

Verwenden Sie die Pfeil-Schaltflächen, um die Anordnung der Objekte zu verändern, mit den Augen-Symbolen können Sie einzelne Objekte aus- bzw. einblenden.

Klicken Sie auf die SCHLIEßEN-Schaltfläche, um den Arbeitsbereich zu schließen.

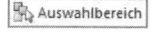

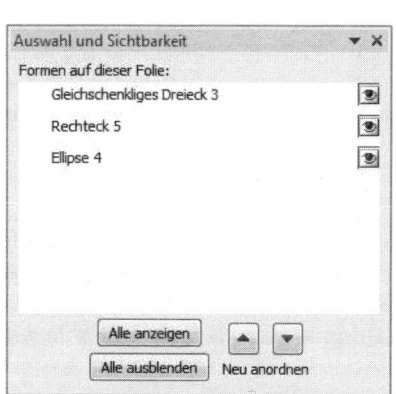

Siehe Lektion 4.1,
Zwischenablage

Objekte kopieren/ duplizieren

In vielen Fällen benötigen Sie in einer Präsentation gleich mehrere identische Zeichnungsobjekte. Dies erreichen Sie am Einfachsten, indem Sie das Objekt zunächst nur einmal einfügen, mit allen gewünschten Formatierungen versehen und anschließend vervielfältigen. Sie können dazu die Zwischenablage mit dem Befehlen KOPIEREN und EINFÜGEN, bzw. den Tasten Strg + C und Strg + V, verwenden, oder Sie kopieren die Objekte mit der Maus.

Ziehen mit gedrückter
Strg-Taste

Mit der Maus kopieren

Um ein Objekt ohne Verwendung der Zwischenablage zu kopieren, zeigen Sie mit der Maus auf das Objekt, halten die Strg-Taste gedrückt und ziehen die Kopie an die gewünschte Position. Am Mauszeiger erscheint ein Pluszeichen, sobald Sie die Strg-Taste drücken.

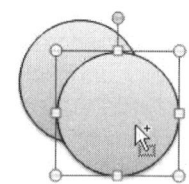

Tastenkombination
Strg + D

Duplizieren

Eine schnellere Methode ist das so genannte Duplizieren. Dazu markieren Sie das Objekt und verwenden die Tastenkombination Strg + D.

Duplizierte Objekte
werden sofort eingefügt

Im Gegensatz zur Zwischenablage werden die duplizierten Objekte sofort in die Folie eingefügt und können an die gewünschte Stelle verschoben werden.

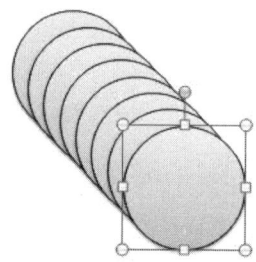

Mehrere Objekte markieren

Mehrfachmarkierung
gedrückter Strg-Taste

Sollen mehrere verschiedene Objekte die gleiche Formatierung erhalten, dann können Sie die Bearbeitung vereinfachen, indem Sie gleich mehrere Objekte markieren. Dazu klicken Sie entweder die Objekte nacheinander mit gleichzeitig gedrückter Strg- oder Umschalt-Taste an, oder ziehen mit gedrückter linker Maustaste einen Markierungsrahmen um die entsprechenden Objekte.

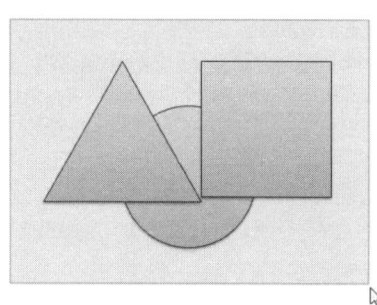

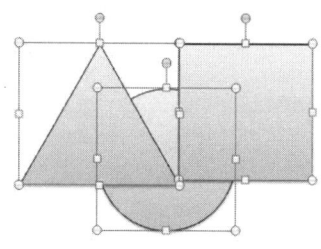

Mehrere Objekte zu
einer Gruppe
zusammenfassen

Damit mehrere Objekte als einziges Objekt behandelt werden, können Sie Objekte auch gruppieren. Markieren Sie alle Objekte, die Sie zu einer Gruppe zusammenfassen wollen und klicken Sie im Register FORMAT, Gruppe ANORDNEN auf die Schaltfläche GRUPPIEREN.

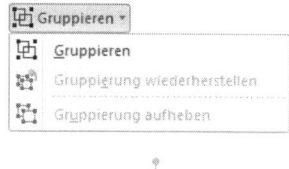

Mit der gleichen Schaltfläche kann eine Gruppierung auch wieder aufgehoben, bzw. eine aufgehobene Gruppierung wiederhergestellt werden.

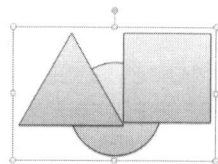

Objekte ausrichten

Raster und Führungslinien

Als Hilfsmittel zum exakten Ausrichten von Objekten können ein Lineal sowie Gitternetz- und Führungslinien eingeblendet werden. Die entsprechenden Schaltflächen finden Sie im Register ANSICHT, Gruppe ANZEIGEN.

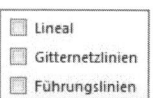

Register ANSICHT, Gruppe ANZEIGEN

Mit den Gitternetzlinien wird auf jeder Folie der Präsentation ein Punktraster sichtbar. Die Führungslinien sind frei verschiebbare vertikale und horizontale Linien, an denen Objekte automatisch ausgerichtet werden. Sie können die Führungslinien beliebig verschieben und mit gleichzeitig gedrückter Strg-Taste auch duplizieren. Nicht benötigte Linien ziehen Sie einfach mit gedrückter Maustaste aus dem Folienbereich heraus.

Standardmäßig wird beim Verschieben jedes Objekt am nächsten Rasterpunkt ausgerichtet, diese Funktion ist auch bei ausgeblendetem Raster aktiv. Zum Ändern der Rastereinstellungen klicken Sie im Register ANSICHT auf den kleinen Pfeil der Gruppe ANZEIGEN oder klicken mit der rechten Maustaste in den Folienhintergrund und rufen aus dem Kontextmenü den Befehl RASTER UND FÜHRUNGSLINIEN... auf.

Objekte werden auch bei ausgeblendetem Raster ausgerichtet

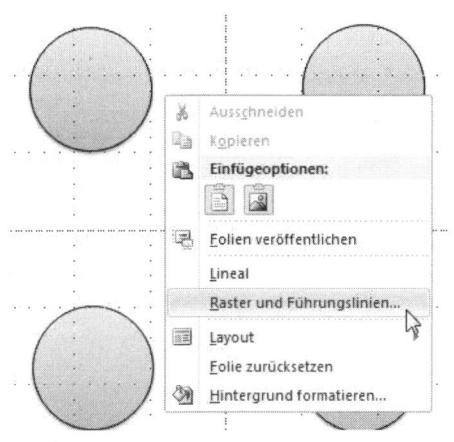
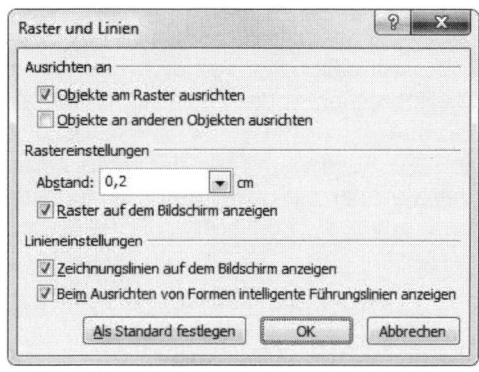

Im Dialogfenster RASTER UND LINIEN können Sie nun bei Bedarf den Rasterabstand ändern. Wenn Sie zusätzlich das Kontrollkästchen OBJEKTE AN ANDEREN OBJEKTEN AUSRICHTEN aktivieren, so werden Objekte beim Verschieben an den Rändern des nächsten Objektes ausgerichtet. Damit lässt sich ein Objekt exakt an ein anderes anfügen.

Raster und Führungslinien sind während der Bildschirmpräsentation und auf dem Ausdruck nicht sichtbar.

Das Raster erscheint nicht in der Bildschirmpräsentation

Objekte anordnen und verteilen

Mit der Schaltfläche AUSRICHTEN in der Gruppe ANORDNEN (Register FORMAT) öffnen Sie ein Feld mit verschiedenen Möglichkeiten, wie Sie mehrere markierte Objekte ausrichten können. So gehen Sie vor:

1. Fügen Sie zunächst alle benötigten Objekte in die Folie ein bzw. duplizieren Sie die Objekte.

2. Markieren Sie alle auszurichtenden Objekte und klicken Sie auf die Schaltfläche AUSRICHTEN.

3. Wählen Sie nun die gewünschte Ausrichtung, im gezeigten Beispiel unten. Damit werden alle markierten Elemente auf der Höhe des untersten Elements ausgerichtet.

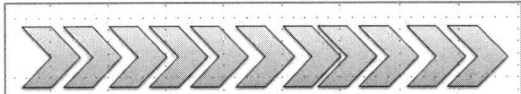

Gleiche Abstände

4. Nun müssen nur noch gleiche Abstände zwischen den Elementen hergestellt werden. Behalten Sie die Markierung bei, klicken Sie erneut auf die Schaltfläche AUSRICHTEN und verwenden Sie nun den Befehl HORIZONTAL VERTEILEN.

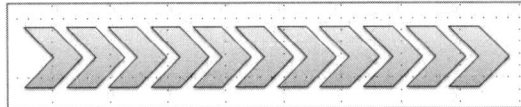

Standardmäßig orientiert sich PowerPoint bei der Ausrichtung an den markierten Objekten, dies ist die Einstellung AUSGEWÄHLTE OBJEKTE AUSRICHTEN.

An der Folie ausrichten

Soll die Ausrichtung an der Folie erfolgen, bzw. die Objekte über die gesamte Folie verteilt werden, dann muss zuvor die Funktion AN FOLIE AUSRICHTEN aktiviert werden.

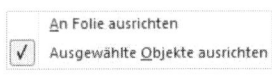

5.4. Verbindungen

Eine Sonderform der Linie stellen die Verbindungen dar. Damit lassen sich schnell und einfach mehrere, auch verschiedenartige Zeichnungsobjekte miteinander verbinden. Verbindungslinien sind am Zeichnungsobjekt verankert, so dass beim nachträglichen Verschieben des Zeichnungsobjekts automatisch auch der Endpunkt der Linie mit verschoben wird und so die Verbindung erhalten bleibt.

Verbindungen bleiben auch beim nachträglichen Verschieben erhalten

So gehen Sie beim Einfügen einer Verbindung vor:

1. Zuerst fügen Sie in die Folie alle Objekte ein, die miteinander verbunden werden sollen.

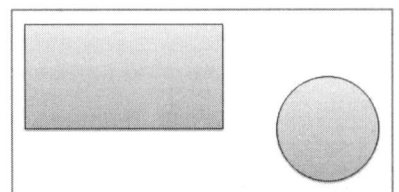

2. Wählen Sie dann über die Schaltfläche FORMEN (Register EINFÜGEN) in der Kategorie LINIEN die gewünschte Art der Verbindung aus.

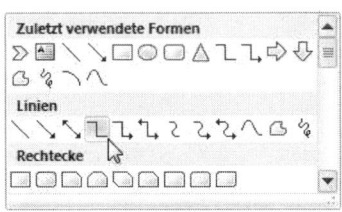

3. Zeigen Sie nun mit dem Fadenkreuz des Mauszeigers auf das erste der zu verbindenden Objekte. Am Objekt werden Markierungen sichtbar, an denen die Linie verankert werden kann.

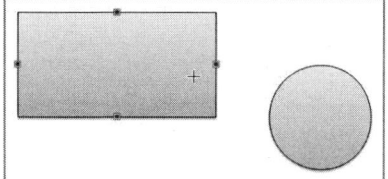

4. Klicken Sie nun auf den gewünschten Verankerungspunkt und ziehen Sie mit gedrückter linker Maustaste eine Linie zum zweiten Objekt. Auch hier werden nun die Verankerungspunkte sichtbar. Bewegen Sie den Mauszeiger zu einem dieser Punkte und lassen Sie die Maustaste los.

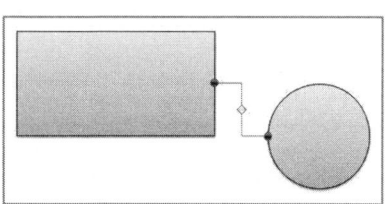

Die Verbindungslinien können anschließend noch formatiert werden. Markieren Sie die Linie mit einem Mausklick und verwenden Sie im Register ZEICHENTOOLS - FORMAT, Gruppe FORMENARTEN, die Schaltfläche FORMKONTUR, um Linienfarbe, Linienstärke und Linienart, sowie die Pfeilrichtung zu ändern. Für weitergehende Änderungen öffnen Sie mit einem Mausklick auf das Pfeilsymbol der Gruppe FORMENARTEN das Dialogfenster FORM FORMATIEREN.

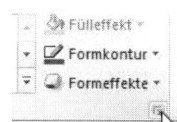

Das Dialogfenster FORM FORMATIEREN

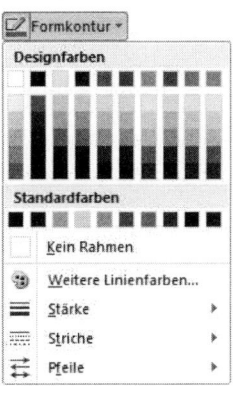
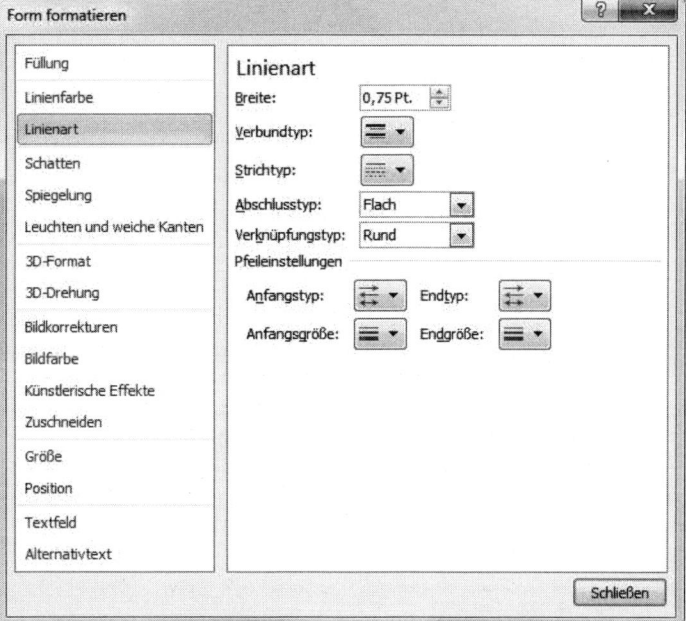

5.5.   Zusammenfassung

* Grafik und Zeichnungselemente sind wichtige Mittel zur Visualisierung von Aussagen. Am einfachsten fügen Sie eine Grafik in eine Folie ein, indem Sie auf das entsprechende Symbol des Platzhalters klicken. PowerPoint unterscheidet zwischen den integrierten ClipArts und Grafiken, die als Datei gespeichert sind.

* Sie können Größe und Position der Grafik ändern, bzw. die Grafik drehen. Bei der weiteren Formatierung können Sie zwischen verschiedenen Rahmenarten und Bildeffekten wählen, das Bild selbst kann über die Schaltflächen der Gruppe ANPASSEN, Register BILDTOOLS - FORMAT bearbeitet werden. Allerdings stehen in PowerPoint nur rudimentäre Bildbearbeitungsfunktionen zur Verfü-

gung. Enthält eine Präsentation sehr viele Bilder, dann sollten Sie die Bilder komprimieren, um Speicherplatz zu sparen.

- PowerPoint verfügt über eine umfangreiche Sammlung an Zeichnungsformen, die Sie über die Schaltfläche FORMEN einfügen. Auch diese Zeichnungselemente können beliebig vergrößert, verkleinert und verschoben, sowie mit verschiedenen Fülleffekten, Schatten- und 3D-Einstellungen versehen werden. Nützliche Hilfsmittel bei der Bearbeitung sind die Befehle Duplizieren, Gruppieren, sowie Anordnen und Ausrichten. Als weitere Hilfen können zur exakten Ausrichtung Gitternetz- und Führungslinien auf dem Bildschirm eingeblendet werden. Beide sind in der Bildschirmpräsentation nicht sichtbar.

- Wenn Sie mehrere Zeichnungselemente durch Linien oder Pfeile miteinander verbinden wollen, dann sollten Sie dazu die Verbindungen aus der Formen-Sammlung verwenden. Verbindungslinien lassen sich exakt an ein Objekt anfügen und die Verbindung bleibt beim nachträglichen Verschieben erhalten.

Bemerkungen:

_____

_____

_____

_____

_____

_____

_____

_____

6. Tabellen und Diagramme

- Tabellen einfügen, bearbeiten und formatieren
- Diagramme in PowerPoint erstellen
- Tabellen und Diagramme aus Microsoft Excel übernehmen

- Text eingeben und formatieren
- Arbeiten mit Zeichnungsobjekten

Zur Darstellung von Zahlen in einer Präsentation benötigen Sie Tabellen und vor allem Diagramme. Aber auch zahlreiche andere Sachverhalte lassen sich in Tabellenform übersichtlich gliedern und darstellen. Anwender, die bereits das Arbeiten mit Tabellen von Microsoft Word her kennen, werden beim Umgang mit Tabellen in PowerPoint nur geringe Unterschiede feststellen. Bei Tabellen und Diagrammen bietet sich auch ein Datenaustausch mit Microsoft Excel an. Ist Microsoft Excel auf dem PC installiert, dann lassen sich Tabellen bzw. Tabellenbereiche, sowie Diagramme aus Excel in eine Präsentationsfolie einfügen.

Datenaustausch mit Microsoft Excel

6.1. Tabellen

Tabelle einfügen

Zum Einfügen einer Tabelle verwenden Sie am einfachsten das entsprechende Symbol eines Platzhalters. Fügen Sie eine neue Folie mit dem gewünschten Inhaltslayout ein und klicken Sie auf das Symbol TA-BELLE EINFÜGEN, PowerPoint öffnet das Dialogfenster TABELLE EINFÜGEN. Legen Sie anschließend die Anzahl der benötigten Spalten und Zeilen fest und bestätigen Sie mit der Schaltfläche OK.

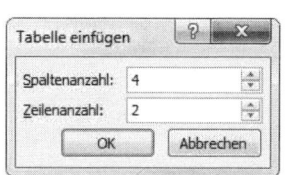

Verwenden Sie das Symbol Tabelle des Platzhalters

Die Tabelle erhält beim Einfügen ein Format entsprechend dem verwendeten Foliendesign. Sie können jedoch der Tabelle jederzeit eine andere Tabellenformatvorlage zuweisen oder die Tabelle nach eigenen Vorstellungen formatieren.

Tabellen sind entsprechend dem Foliendesign formatiert

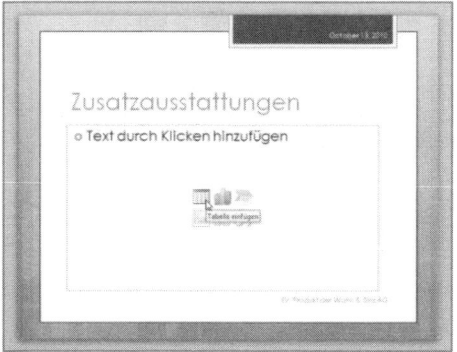

Geben Sie mit der Maus die Anzahl der Spalten und Zeilen an

Wenn Sie eine Tabelle unabhängig vom jeweiligen Folienlayout einfügen möchten, dann verwenden Sie im Register EINFÜGEN, Gruppe TABELLEN, die Schaltfläche TABELLE. Ein Tabellenfeld wird geöffnet, in dem Sie nun mit der Maus die benötigte Anzahl Zeilen und Spalten festlegen. Gleichzeitig erscheint in der Folie eine Tabelle, die Anzahl der Spalten und Zeilen ändert sich, wenn Sie die Maus über das Tabellenfeld bewegen. Mit einem Mausklick übernehmen Sie die Tabelle in die Folie.

Texteingabe

Klicken Sie mit der Maus in die erste Zelle der Tabelle und geben Sie Ihren Text über die Tastatur ein. Sollte der Text länger sein, als es die Breite der Spalte zulässt, dann erfolgt in der Zelle ein automatischer Zeilenumbruch, Sie können aber auch durch Drücken der Eingabe-Taste innerhalb einer Zelle eine neue Zeile beginnen. Mit der Tabulatur-Taste bewegen Sie den Cursor in die nächste Zelle nach rechts, bzw. in die erste Zelle der nächsten Zeile. Wenn sich der Cursor in der letzten Zelle der letzten Tabellenzeile befindet, dann können Sie während der Eingabe durch Drücken der Tab-Taste noch weitere Zeilen an die Tabelle anfügen.

Tab-Taste: Während der Eingabe neue Zeilen anfügen

Taste	Beschreibung
Tabulator	Wechselt in die nächste Zelle rechts der aktuellen Auswahl bzw. erzeugt eine neue Zeile am Ende der Tabelle
Umschalt + Tabulator	Wechselt in die nächste Zelle links der aktuellen Auswahl
Eingabe	Erzeugt einen neuen Absatz innerhalb der Zelle

Tabelle bearbeiten

Zusammen mit einer markierten Tabelle stehen Ihnen die Register TABELLENTOOLS - ENTWURF bzw. - LAYOUT zur weiteren Tabellenbearbeitung zur Verfügung.

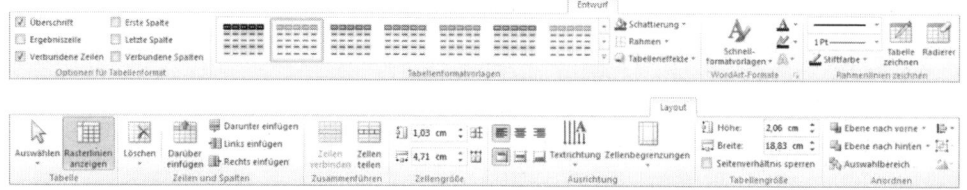

Spalten und Zeilen einfügen

Spalten und Zeilen einfügen

Mit der Tab-Taste werden während der Eingabe weitere Zeilen am Tabellenende angefügt. Um Zeilen oder Spalten an beliebiger Stelle in die Tabelle einzufügen verwenden Sie im Register LAYOUT die Schaltflächen der Gruppe ZEILEN UND SPALTEN. Eine neue Spalte kann entweder links oder rechts von derjenigen Spalte eingefügt werden, in der sich der Cursor gerade befindet. Gleiches gilt auch für das Einfügen von Zeilen.

Spalten und Zeilen löschen

Mit der Schaltfläche LÖSCHEN entfernen Sie nicht benötigte Zeilen oder Spalten aus der Tabelle. Die zu löschende Zeile oder Spalte muss dazu nicht markiert sein, es genügt wenn sich der Cursor in einer beliebigen Zelle dieser Zeile oder Spalte befindet.

Register LAYOUT, Gruppe ZEILEN UND SPALTEN

Um die gesamte Tabelle zu löschen, wählen Sie entweder TABELLE LÖSCHEN im Dropdown-Menü der Schaltfläche LÖSCHEN oder Sie klicken mit der Maus auf den Rand der Tabelle. Die gesamte Tabelle ist markiert und kann nun mit der Entf-Taste der Tastatur gelöscht werden.

Tabelle löschen

Spaltenbreite und Zeilenhöhe

Am einfachsten ändern Sie die Spaltenbreite und Zeilenhöhe mit der Maus: bewegen Sie den Mauszeiger auf die Trennlinie bis der Zeiger als Doppelpfeil sichtbar wird. Verschieben Sie nun mit gedrückter linker Maustaste die Linie in eine der beiden Pfeilrichtungen. Die Größe der gesamten Tabelle ändert sich nicht, wenn Sie ausschließlich die Trennlinien innerhalb der Tabelle verschieben. Benutzen Sie dagegen die Markierungen der Tabellenumrandung, so ändern Sie die Größe der gesamten Tabelle.

Verschieben Sie die Trennlinien mit der Maus

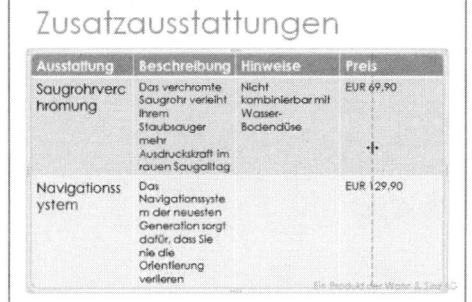

Eine Spalte verbreitern/ verkleinern

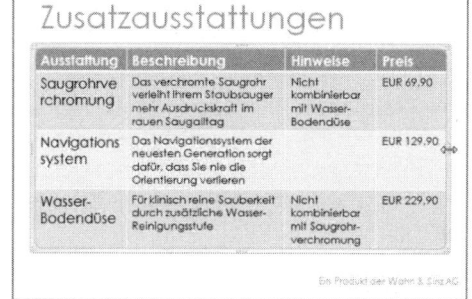

Die Tabelle vergrößern/ verkleinern

Die Gruppe ZELLENGRÖẞE im Register LAYOUT erlaubt noch weitere Einstellungen zur Zeilenhöhe und Spaltenbreite.

Für genaue Maßangaben verwenden Sie die Pfeile der beiden Eingabefelder oder klicken direkt in das Feld und geben den gewünschten Wert über die Tastatur ein.

Gleiche Spaltenbreite/ Zeilenhöhe

Sollen mehrere Spalten gleiche Spaltenbreite erhalten, dann markieren Sie die entsprechenden Spalten und klicken auf die Schaltfläche SPALTEN VERTEILEN. Die gesamte verfügbare Breite der markierten Spalten wird dadurch in gleich breite Spalten aufgeteilt.

Genauso verfahren Sie mit der Zeilenhöhe: Markieren Sie die entsprechenden Zeilen und klicken Sie auf die Schaltfläche ZEILEN VERTEILEN.

Zellen verbinden und teilen

Mit der Schaltfläche ZELLEN VERBINDEN im Register LAYOUT, Gruppe ZUSAMMENFÜHREN, können Sie mehrere nebeneinander oder übereinander liegende Zellen zu einer einzigen verbinden, beispielsweise wenn Sie über mehrere Spalten eine gemeinsame Überschrift benötigen. Die Zellen müssen dazu markiert sein. Die Schaltfläche ZELLEN TEILEN teilt dagegen die aktuelle Zelle in die gewünschte Anzahl Spalten oder Zeilen auf.

Register LAYOUT, Gruppe ZUSAMMENFÜHREN

Navigations system	Das Navigationssystem der neuesten Generation sorgt dafür, dass Sie nie die Orientierung verlieren		EUR 129,90
Wasser-Bodendüse	Für klinisch reine Sauberkeit durch zusätzliche Wasser-Reinigungsstufe	Nicht kombinierbar mit Saugrohr-verchromung	EUR 229,90
Sämtliche Zusatzausstattungen sind ab Sommer 2011 verfügbar			
			Ein Produkt der Wohn & Sitz AG

Beispiel: Verbundene Zellen

Tabelle verschieben

Zeigen Sie an eine beliebige Stelle der Tabellenumrandung. Erscheinen am Mauszeiger vier Richtungspfeile, dann können Sie die Tabelle mit gedrückter linker Maustaste verschieben.

Rasterlinien anzeigen

Register TABELLEN-TOOLS - LAYOUT, Gruppe TABELLE

Unabhängig davon, ob eine Tabelle in der Präsentationsansicht mit Rahmenlinien versehen ist, können Sie in der Ansicht NORMAL Rasterlinien einblenden. Diese erscheinen nicht in der Bildschirmpräsentation und auch nicht auf dem Ausdruck, sondern dienen als Hilfsmittel bei der Tabellenbearbeitung. Die entsprechende Schaltfläche finden Sie im Register TABELLENTOOLS - LAYOUT, Gruppe TABELLE.

Tabelle formatieren

Tabellenformatvorlagen verwenden

Zum Formatieren einer Tabelle können Sie alle bereits bekannten Möglichkeiten der Zeichen- und Absatzformatierung verwenden. Im Register TABELLENTOOLS - ENTWURF finden Sie in der Gruppe TABELLENFORMATVORLAGEN einige zum gewählten Design passende Vorlagen, die Sie mit einem Mausklick übernehmen können.

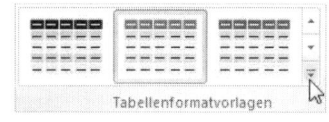

Da in vielen Fällen für die erste Zeile und/ oder Spalte eine andere Formatierung benötigt wird, können Sie noch zusätzlich in der Gruppe OPTIONEN FÜR TABELLENFORMAT durch Aktivieren der entsprechenden Kontrollkästchen festlegen, welche Zeilen und Spalten durch Formatierung hervorgehoben werden sollen.

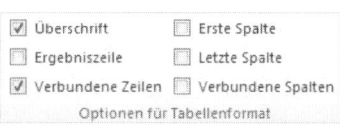

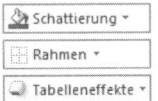

Zusätzlich können Sie mit den Schaltflächen SCHATTIERUNG, RAHMEN und TABELLENEFFEKTE die Formatierung individuell anpassen. So kann mit Hilfe der Schaltfläche SCHATTIERUNG die Hintergrundfarbe der Zellen geändert werden, die Schaltfläche RAHMEN erlaubt die Auswahl diverser Rahmenlinien und über TABELLENEFFEKTE können Sie der Tabelle Schatten- und Spiegelungseffekte zuweisen.

Tabelle zeichnen

Beginnen Sie mit der Umrandung der Tabelle

Eine weitere Möglichkeit eine Tabelle zu erstellen, nämlich sie zu zeichnen, aktivieren Sie ebenfalls über die Schaltfläche TABELLE im Register EINFÜGEN, Gruppe TABELLEN. Sobald Sie auf den Befehl TABELLE ZEICHNEN geklickt haben, erscheint als Mauszeiger ein Stift und Sie können beginnen, indem Sie den äußeren Rahmen für die Tabelle mit gedrückter linker Maustaste zeichnen.

Gleichzeitig erscheint automatisch das Register TABELLENTOOLS - ENTWURF mit der Gruppe RAHMENLINIEN ZEICHNEN. Wählen Sie nun die gewünschte Linienart, -breite und -farbe und klicken Sie dann auf die Schaltfläche TABELLE ZEICHNEN.

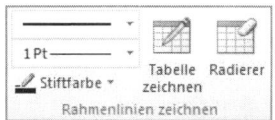

Wieder erscheint der Mauszeiger als Stift und Sie können mit gedrückter linker Maustaste innerhalb des Tabellenrahmens senkrechte und waagrechte Linien zeichnen. Zum Löschen von Linien klicken Sie auf die Schaltfläche RADIERER. Der Mauszeiger wird nun als Radierer sichtbar und durch Anklicken können Sie eine Linie wieder löschen.

Achtung: Beginnen Sie beim Zeichnen einer Linie etwas innerhalb des Tabellenrahmens, da PowerPoint sonst mit einen weiteren Tabelle beginnt!

Zum Beenden des Zeichnen-Modus drücken Sie die Esc-Taste oder klicken Sie erneut auf die Schaltfläche TABELLE ZEICHNEN. Mit dieser Schaltfläche können Sie auch später jederzeit wieder die Zeichnen-Funktion aktivieren.

Tipp: Diese Methode eignet sich auch, um Linienart und -farbe einer bereits bestehenden Tabelle zu ändern.

6.2. Tabellen aus Excel oder Word einfügen

In manchen Fällen liegen die benötigten Tabellen bereits in einer Microsoft Excel-Arbeitsmappe oder einem Microsoft Word-Dokument vor. Aus beiden Anwendungen lassen sich Tabellen problemlos über die Zwischenablage entweder als einfache Kopie oder als eingebettetes oder verknüpftes Objekt (OLE – Object Linking and Embedding) in eine PowerPoint-Folie einfügen. Dies ist aber nur dann möglich, wenn die entsprechende Anwendung (Microsoft Excel bzw. Microsoft Word) auf Ihrem PC installiert ist.

Kopie einfügen

Die Befehle zur Verwendung der Zwischenablage haben Sie bereits kennen gelernt. Wenn Sie die Zwischenablage zum Datenaustausch zwischen zwei Anwendungen oder zwei Dateien benutzen, dann müssen beide Dateien geöffnet sein. So gehen Sie dabei vor:

Siehe Lektion 4.1, Zwischenablage

1. Öffnen Sie die Excel-Arbeitsmappe oder das Word-Dokument mit den benötigten Daten. Sie können auch eine neue Arbeitsmappe erstellen und hier Ihre Daten eingeben sowie die erforderlichen Berechnungen durchführen.

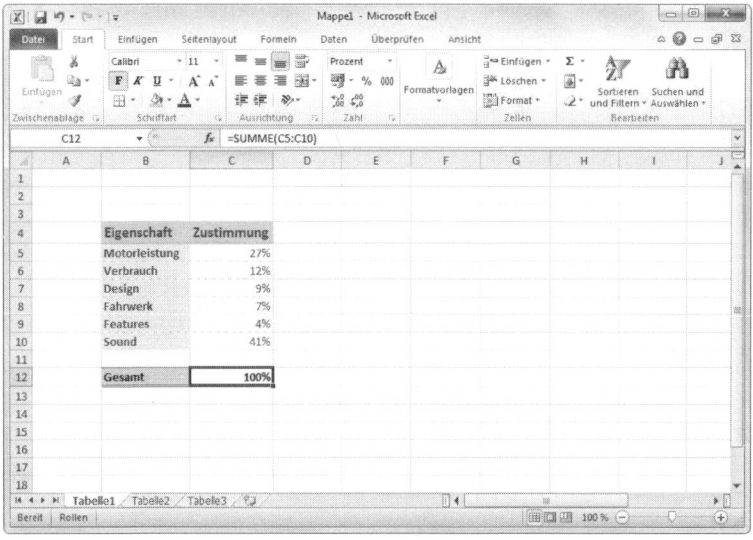

Kopieren Sie die
Tabelle in die
Zwischenablage

2. Anschließend markieren Sie den Zellbereich den Sie übernehmen möchten und kopieren ihn in die Zwischenablage. Dazu können Sie entweder die Schaltfläche des Registers START, das Kontextmenü oder die Tastenkombination Strg + C verwenden.

3. Dann wechseln Sie zur PowerPoint-Folie, klicken in das Platzhalterfeld der Folie und fügen den Inhalt der Zwischenablage ein, entweder mit der Schaltfläche EINFÜGEN, den Tasten Strg + V oder dem Befehl EINFÜGEN aus dem Kontextmenü.

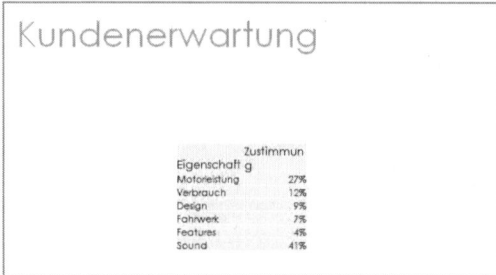

Markierte Excel-Tabelle · Eingefügte Tabelle

Die Kopie wird als
PowerPoint-Tabelle
bearbeitet

Bei dieser Vorgehensweise wird der Inhalt der Zwischenablage als Kopie eingefügt, das bedeutet es besteht keine direkte Beziehung mehr zur Originaltabelle. Die weitere Bearbeitung erfolgt ausschließlich mit PowerPoint und die Tabelle kann nun als PowerPoint Tabelle bearbeitet und formatiert werden. Da in Microsoft Excel jedoch meist Schriftgröße 10-12 pt als Standard verwendet wird, müssen Sie für die Präsentation noch Tabellen- und Schriftgröße entsprechend anpassen.

Siehe Lektion 4.1,
Office-Zwischenablage

Tipp: Wenn Sie die Office-Zwischenablage verwenden, dann können Sie nacheinander bis zu 24 Elemente markieren und kopieren und anschließend in beliebiger Reihenfolge wieder einfügen.

Als Objekt einfügen und bearbeiten

Doppelklick startet die
Anwendung

Eine andere Möglichkeit besteht darin, Daten aus anderen Dateien oder Anwendungen als verknüpftes oder als eingebettetes Objekt einzufügen. Die Bearbeitung von verknüpften oder eingebetteten Objekten erfolgt ausschließlich mit derjenigen Anwendung, mit der sie erstellt wurden, daher muss diese Anwendung auch auf Ihrem PC installiert sein. Zur Bearbeitung genügt ein Doppelklick in das Objekt und die Anwendung wird gestartet. Mit einem einfachen Mausklick in die Folie außerhalb des Objektbereichs beenden Sie die Bearbeitung und kehren zu PowerPoint zurück. Der Unterschied besteht im Speicherort und in der Art und Weise, wie die Objekte aktualisiert werden.

Objekt	Beschreibung
Verknüpftes Objekt	Verknüpfte Objekte werden in einer eigenen Quelldatei erstellt und gespeichert, die PowerPoint Folie speichert nur die Verknüpfung zur Quelldatei. Alle Änderungen erfolgen ausschließlich in der Quelldatei und erscheinen automatisch auch in PowerPoint. Da eine Verknüpfung eigentlich nur den Suchpfad zur Quelldatei speichert, sollte die Quelldatei weder verschoben, gelöscht oder umbenannt werden.
Eingebettetes Objekt	Eingebettete Objekte werden zwar ebenfalls in einer eigenen Quelldatei erstellt, anschließend jedoch als Kopie eingefügt und damit zusammen mit der PowerPoint Präsentation in einer einzigen Datei gespeichert.

So gehen Sie vor:

1. Öffnen Sie die Excel-Arbeitsmappe, markieren Sie den gewünschten Zellbereich und kopieren Sie den Bereich, wie oben beschrieben in die Zwischenablage. Anschließend wechseln Sie zur PowerPoint-Folie.

2. Zum Einfügen müssen Sie einen etwas anderen Weg wählen: Anstelle der Tastenkombination Strg + V oder dem Befehl aus dem Kontextmenü klicken Sie im Register START in der Gruppe ZWISCHENABLAGE auf den Dropdown-Pfeil der Schaltfläche EINFÜGEN und dann auf den Befehl INHALTE EINFÜGEN...

3. In Dialogfenster INHALTE EINFÜGEN wählen Sie nun zwischen den beiden Optionen EINFÜGEN und VERKNÜPFUNG EINFÜGEN

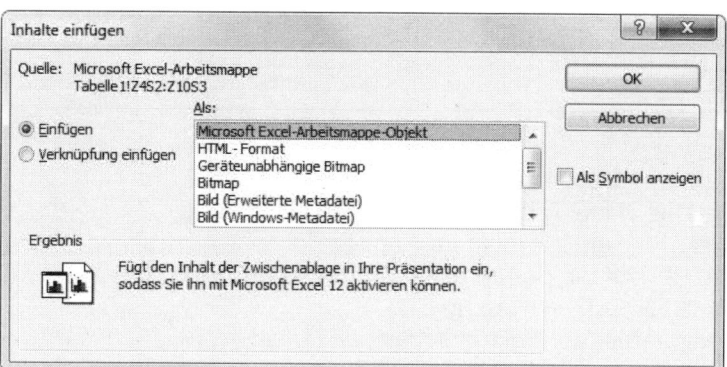

- EINFÜGEN bedeutet, die Tabelle wird als eingebettetes Objekt eingefügt und zusammen mit der PowerPoint-Präsentation in einer Datei gespeichert.

- Wenn Sie die Option VERKNÜPFUNG EINFÜGEN wählen, wird die Tabelle als verknüpftes Objekt eingefügt. Alle Änderungen erfolgen ausschließlich in der Quelldatei, die unbedingt zuvor gespeichert werden muss.

Wenn Sie ein verknüpftes Objekt einfügen, dann sollte die Arbeitsmappe im selben Ordner wie Ihre Präsentation gespeichert sein. Beim Kopieren der Präsentation müssen verknüpfte Dateien ebenfalls kopiert werden.

Vorsicht beim Umbenennen und Verschieben der Quelldatei

Excel-Objekte bearbeiten

Zur weiteren Bearbeitung klicken Sie doppelt in die Tabelle. Damit wird Microsoft Excel gestartet. Um wieder zu PowerPoint zurückzukehren, genügt ein einfacher Mausklick außerhalb des Tabellenbereichs. Alle Änderungen wie Schriftgröße, Hintergrundfarbe, Rahmenlinien sowie Anpassen von Spaltenbreite und Zeilenhöhe erfolgen mit Excel. Daher ist auch die Eingabe von Formeln möglich.

Alle Bearbeitungen erfolgen mit Excel

Wenn Sie mit Excel Spaltenbreiten und/ oder Zeilenhöhen anpssen, dann ändert sich damit auch die Tabellengröße automatisch. Verändern Sie dagegen aus PowerPoint heraus die Größe des Tabellenbereichs, so wird die Tabelle wie ein Grafikobjekt behandelt, unter Umständen wird dabei das Seitenverhältnis verändert und die Tabelle verzerrt.

Vorsicht beim Ändern der Tabellengröße

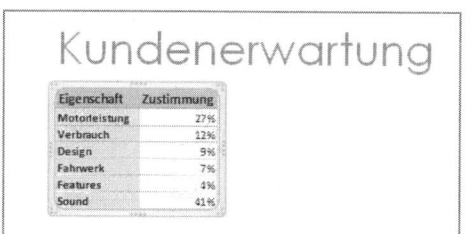

Spalten und Zeilen aus Excel heraus einfügen

Spalten und Zeilen hinzufügen

Um nachträglich weitere Spalten und Zeilen hinzuzufügen, müssen Sie zuerst mit Doppelklick die Bearbeitung mit Excel aktivieren. Positionieren Sie nun den Mauszeiger an den Markierungspunkten des Rahmens und erweitern Sie durch Ziehen mit gedrückter linker Maustaste die Tabelle um die benötigte Anzahl Spalten und Zeilen.

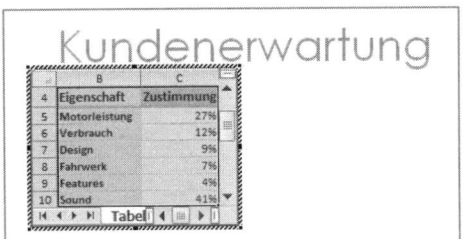 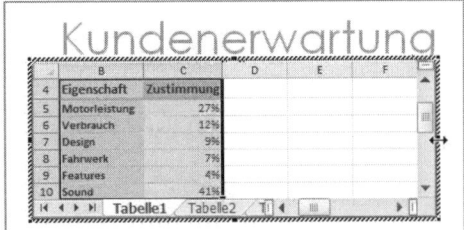

Neue Tabelle als Excel-Objekt einfügen

Neue Tabelle als Excel-Objekt einfügen

Sie können auch eine neue Tabelle als Excel-Objekt in eine Folie einfügen. Klicken Sie dazu im Register EINFÜGEN, Gruppe TABELLEN auf die Schaltfläche TABELLEN und auf den Befehl EXCEL-TABELLE EINFÜGEN....

Excel wird gestartet und in der Folie erscheint ein Tabellenbereich mit zwei Spalten und zwei Zeilen. Ziehen Sie mit der Maus an den Markierungspunkten, um die Tabelle um die benötigten Spalten und Zeilen zu erweitern.

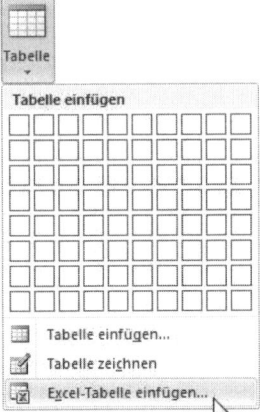

6.3.   Diagramme

Visualisieren Sie Zahlen mit Diagrammen

"Bilder sagen mehr als Worte oder Zahlen", dieses Motto gilt vor allem für die Darstellung von Zahlen in einer Präsentation. Viele Sachverhalte und Zusammenhänge lasen sich mit Diagrammen besser darstellen als mit abstrakten Zahlen. Wichtige Informationen werden schneller erfasst, da bei den meisten Menschen die visuelle Wahrnehmung stärker ausgeprägt ist.

PowerPoint 2010 verwendet Excel zur Erstellung und Bearbeitung von Diagrammen

Wenn Microsoft Excel 2010 auf Ihrem Computer installiert ist, dann können Sie bei der Erstellung und Bearbeitung von Diagrammen alle Funktionalitäten von Excel nutzen, einschließlich der Möglichkeit von Berechnungen. Ist Microsoft Excel nicht installiert, dann wird beim Erstellen eines neuen Diagramms das Tool Microsoft Graph mit einem Datenblatt geöffnet. In diesem Fall verwenden Sie das Datenblatt zur Eingabe Ihrer Werte. Über die Zwischenablage können Sie in das Datenblatt auch Werte aus einer Textdatei oder anderen Dateien einfügen.

Excel-Diagramm einfügen

In Verbindung mit Microsoft Excel stehen Ihnen beim Erstellen eines Diagramms die gleichen Möglichkeiten zur Verfügung wie beim Einfügen einer Tabelle:

- **Diagramm einbetten**
  Sie fügen das Diagramm direkt in die Präsentation ein. Das Diagramm wird in die Folie eingebettet und zusammen mit der Präsentation in einer einzigen Datei gespeichert.

- **Verknüpfung zu einem Excel-Diagramm einfügen**
  Sie fügen ein Microsoft Excel-Diagramm als Verknüpfung ein. Das Excel-Arbeitsblatt ist eine eigenständige Datei und wird nicht zusammen mit der Präsentation gespeichert, Änderungen sind nur im verknüpften Arbeitsblatt möglich.

So gehen Sie vor:

1. Zum Erstellen eines Diagramms wählen Sie zunächst ein geeignetes Folienlayout und klicken dann im Platzhalter auf das Symbol DIAGRAMM EINFÜGEN. Wählen Sie anschließend den gewünschten Diagrammtyp.

Diagrammtyp wählen

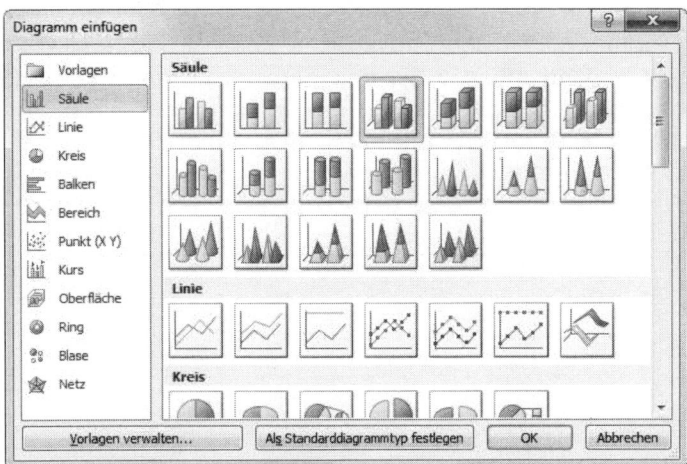

2. Microsoft Excel wird zusammen mit einem Tabellenblatt geöffnet, gleichzeitig wird in Ihre Folie ein Diagramm mit Beispieldaten eingefügt. Im nächsten Schritt überschreiben Sie die bestehenden Beispieldaten durch Ihre Werte einschließlich der Zeilen- und Spaltenbeschriftungen. Sie können nicht nur Text und Zahlen, sondern auch Formeln zur Berechnung eingeben. Die Anpassung des Diagramms an Ihre Werte erfolgt automatisch.

Überschreiben Sie die Beispieldaten der Excel-Tabelle

Wen ich einfüge möchte, eine Tabelle die ich kopiert habe auf Excel muss ich über Strg + C und dann Einfügen + Inhalt. drücken.

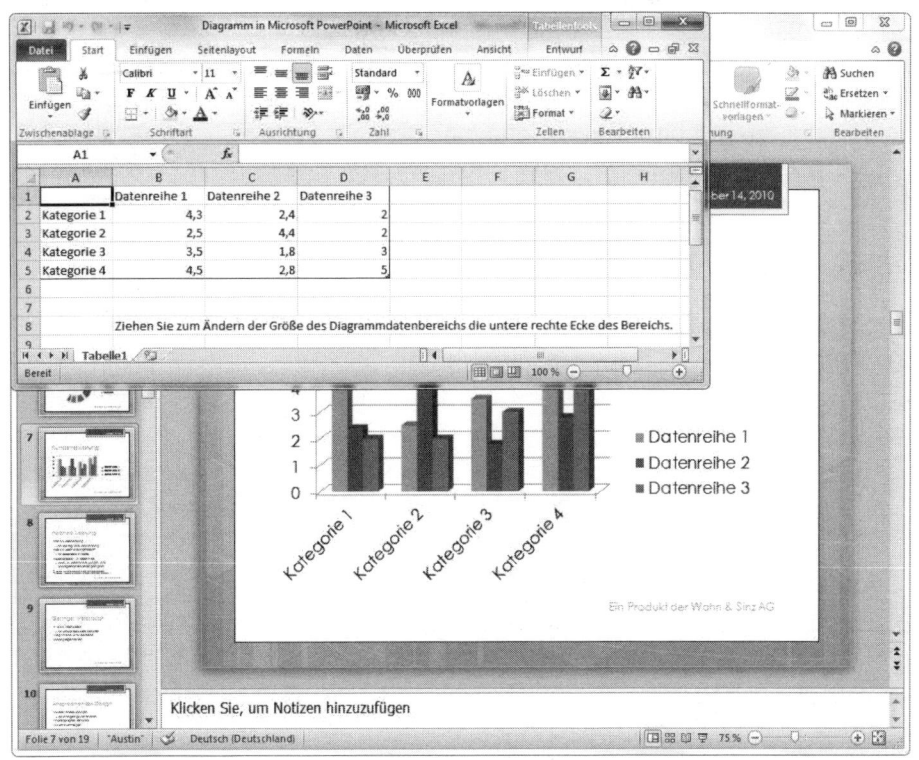

Tipp: Sie können auch die Zwischenablage benutzen, um die benötigten Daten beispielsweise aus einer anderen Excel-Datei oder aus einem Word-Dokument in das Tabellenblatt einzufügen.

Zur weiteren Diagrammbearbeitung klicken Sie wieder in die PowerPoint-Folie. Excel mit dem Tabellenblatt bleibt solange geöffnet, bis Sie es mit der Schaltfläche SCHLIEßEN wieder beenden.

Datenbereich anpassen

Bereich mit der Maus anpassen

Der für das Diagramm verwendete Datenbereich ist mit einem Rahmen versehen. Wenn Sie für die Diagrammdarstellung zusätzliche Zeilen oder Spalten in der Excel-Tabelle benötigen, dann müssen Sie den Bereich mit der Maus entsprechend anpassen. Zeigen Sie mit der Maus in die untere rechte Ecke des Rahmens, so erscheint als Mauszeiger ein Doppelpfeil. Nun ziehen Sie mit gedrückter linker Maustaste und vergrößern den Datenbereich. Für nicht benötigte Zeilen und Spalten der Beispieltabelle verkleinern Sie einfach den Datenbereich. Es ist nicht erforderlich, dass Sie die Beispieldaten löschen.

	A	B	C	D	E
1		Motorleistung	Saugkraft	Design	Komfort
2	Männer	95%	91%	67%	
3	Frauen	72%	93%	70%	
4	Kategorie 3	3,5	1,8	3	
5	Kategorie 4	4,5	2,8	5	
6					

Diagramm als Verknüpfung zu einer Excel-Arbeitsmappe einfügen

Siehe Lektion 6.2, Verknüpfte Excel-Tabelle

Wenn Sie ein Diagramm als Verknüpfung zu einem bereits gespeicherten Excel-Diagramm einfügen wollen, dann ist die Vorgehensweise die gleiche wie beim Einfügen einer verknüpften Tabelle:

1. Öffnen Sie die entsprechende Excel-Arbeitsmappe, markieren Sie das Diagramm und kopieren Sie es in die Zwischenablage.
2. Wechseln Sie zu PowerPoint und klicken Sie in die Folie, in die das Diagramm eingefügt werden soll.
3. Klicken Sie auf den Auswahlpfeil der Schaltfläche EINFÜGEN (Register START, Gruppe ZWISCHENABLAGE) und dann auf INHALTE EINFÜGEN.... Wählen Sie die Option ALS VERKNÜPFUNG EINFÜGEN.

Diagramm bearbeiten

Diagrammtools

Um ein Diagramm zu bearbeiten, müssen Sie es zuerst mit einem Mausklick markieren. Dann stehen Ihnen unter DIAGRAMMTOOLS die Register ENTWURF, LAYOUT und FORMAT zur Verfügung.

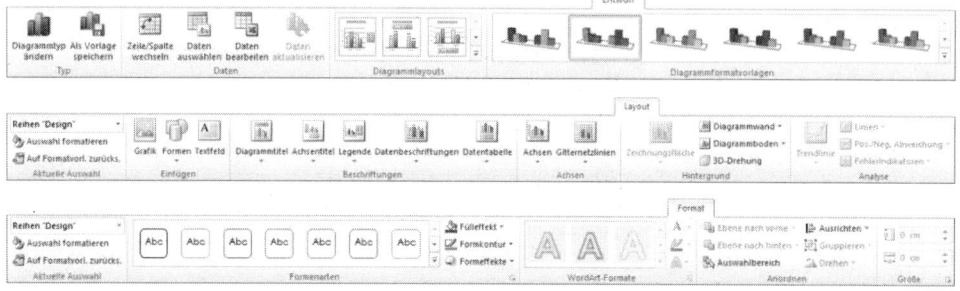

Diagrammtyp ändern

Eine nachträgliche Änderung des Diagrammtyps ist jederzeit möglich. Klicken Sie dazu im Register DIAGRAMMTOOLS - ENTWURF, Gruppe TYP auf die Schaltfläche DIA-GRAMMTYP ÄNDERN um das Dialogfenster DIAGRAMMTYPEN erneut zu öffnen.

Register
DIAGRAMMTOOLS -
ENTWURF, Gruppe TYP

Diagrammformatvorlagen verwenden

Das Aussehen eines Diagramms ändern Sie am einfachsten, indem Sie im Register ENTWURF aus der Gruppe DIAGRAMMFORMATVORLAGEN eine der integrierten Vorlagen verwenden. Weitere Diagrammelemente wie Diagrammtitel, Legende und Achsenbeschriftungen stehen Ihnen in Form verschiedener Layouts in der Gruppe DIAGRAMMLAYOUTS zur Verfügung.

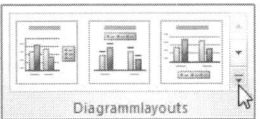

Daten und Datenreihen ändern

Eine Änderung der zugrundeliegenden Zahlen ist nur mit Excel möglich. Sollten Sie zwischenzeitlich Microsoft Excel mit den Daten geschlossen haben, dann klicken Sie im Register ENTWURF in der Gruppe DATEN auf die Schaltfläche DATEN BEARBEITEN.

Register
DIAGRAMMTOOLS -
ENTWURF, Gruppe
DATEN

Einige Diagrammtypen, beispielsweise Säulen- und Balkendiagramme können auch mehrere Datenreihen darstellen. Jede Datenreihe wird entweder aus den Zeilen oder den Spalten der Tabelle gebildet. Um die auf der X-Achse dargestellten Daten mit der Legende zu vertauschen, klicken Sie im Register ENTWURF, Gruppe DATEN auf die Schaltfläche ZEILE/ SPALTE WECHSELN.

Beachten Sie, dass dazu die Tabelle mit Excel geöffnet sein muss!

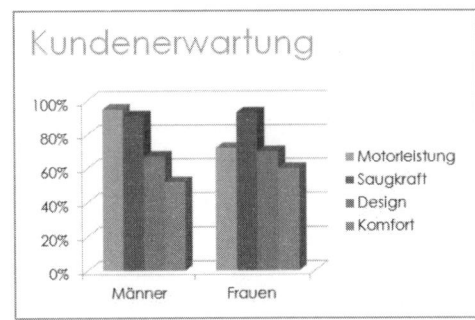

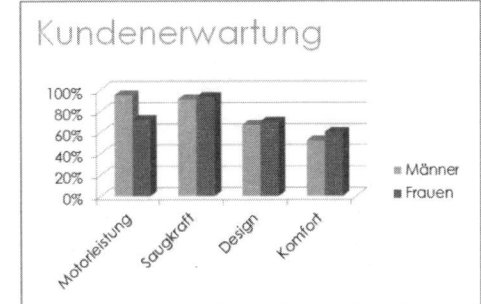

Diagrammbeschriftungen

Wechseln Sie zum Register LAYOUT und wählen Sie in der Gruppe BE-SCHRIFTUNGEN Art und Position einer zusätzlichen Diagrammbeschriftung.

Beschriftungen
hinzufügen

Standardmäßig stehen Diagrammtitel, Achsentitel, Legende, Datenbeschriftungen, sowie eine zusätzliche Datentabelle zur Verfügung.

Benötigen Sie im Diagrammbereich noch weitere Elemente, beispielsweise eine Grafik, ein Textfeld für zusätzliche Angaben zur Datenquelle oder ein Zeichnungsobjekt wie etwa eine Legende, dann wählen Sie das Element in der Gruppe EINFÜGEN im Register LAYOUT aus.

Zeichnungselemente
hinzufügen

Markieren Sie Diagrammelemente mit einem Mausklick

Diagrammelemente formatieren

Jedes einzelne Diagrammelement kann, wie alle anderen PowerPoint-Objekte markiert und formatiert werden. Mit einem Mausklick markieren Sie das Element und weisen anschließend ihm die gewünschte Formatierung zu. Für Farb- und Formeneffekte verwenden Sie das Register FORMAT, alle Textformate finden Sie im Register START.

Datenreihe und Datenpunkt markieren

Datenreihen markieren

Auch Datenreihen müssen Sie markieren, um beispielsweise die Füllfarbe zu ändern. Die gesamte Datenreihe markieren Sie mit einem Mausklick auf eine beliebige Säule der Reihe, alle Säulen dieser Reihe erhalten Markierungspunkte. Wenn Sie anschließend innerhalb der markierten Datenreihe auf eine bestimmte Säule klicken, dann wird nur diese Säule markiert. Ein einzelnes Element einer Datenreihe wird auch als Datenpunkt bezeichnet.

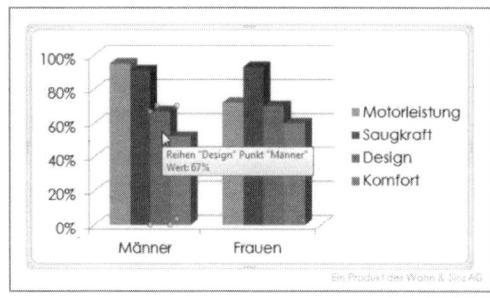

Diagrammgröße innerhalb des Platzhalters

Größe des Diagramms anpassen

Um die Größe eines Diagramms zu ändern, vergrößern oder verkleinern Sie einfach mit gedrückter linker Maustaste das Platzhalterfeld. Benötigen Sie dagegen innerhalb des Diagrammbereichs zusätzlichen Platz, beispielsweise für eine Grafik oder ein zusätzliches Textfeld, dann müssen Sie die Größe der Zeichnungsfläche innerhalb des Diagrammbereichs ändern.

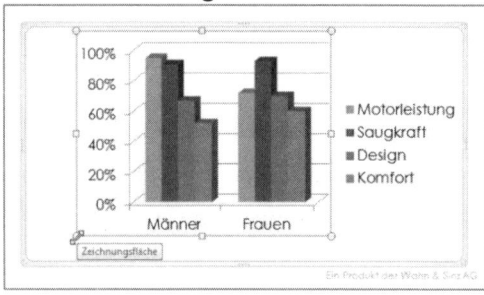

Microsoft Graph wird verwendet, wenn Excel nicht installiert ist

Diagramme mit Microsoft Graph erstellen und bearbeiten

Wenn Microsoft Excel auf Ihrem Computer nicht installiert ist, dann erscheint das Tool Microsoft Graph mit einem Datenblatt, in das Sie Ihre Daten eingeben. Im Gegensatz zu Excel sind in diesem Datenblatt keine Berechnungen möglich.

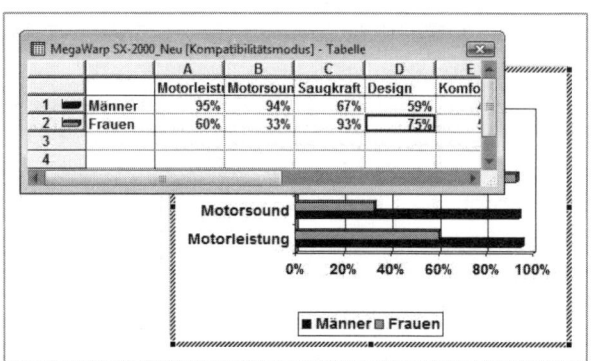

6.4. Zusammenfassung

- Tabellen werden mit einem Mausklick auf das Tabellensymbol des Platzhalters eingefügt. Sie sind bereits entsprechend dem verwendeten Design formatiert, weitere Formate stehen mit den Tabellenformatvorlagen zur Verfügung. Sie können aber auch alle bekannten Formate zur Formatierung von Tabellen einsetzen.

- Als Alternative fügen Sie eine Tabelle aus Microsoft Excel oder Word in eine Präsentationsfolie ein. Wird die Tabelle als Kopie eingefügt, dann erfolgt die weitere Bearbeitung mit PowerPoint, wenn Sie dagegen die Tabelle als Verknüpfung oder als eingebettetes Objekt einfügen, dann erfolgt auch die nachträgliche Bearbeitung mit derjenigen Anwendung, mit der sie erstellt wurde. Dies gilt auch, wenn Sie aus Excel ein Diagramm in eine Folie einfügen.

- Eingebettete Objekte werden zwar mit Excel erstellt und bearbeitet, aber zusammen mit der Präsentation in einer einzigen Datei gespeichert. Bei verknüpften Objekten erfolgt auch die nachträgliche Bearbeitung ausschließlich in der Originaldatei. Verknüpfte Dateien sollten am besten im Präsentationsordner gespeichert werden und nicht verschoben oder umbenannt werden.

- Beim Einfügen eines Diagramms wird automatisch Excel gestartet, das bedeutet, Sie können alle Funktionalitäten von Excel zur Diagrammerstellung nutzen. Wenn Excel nicht auf dem Computer vorhanden ist, dann verwendet PowerPoint das Tool Microsoft Graph mit einem Datenblatt zur Dateneingabe. Berechnungen sind in diesem Datenblatt nicht möglich.

Bemerkungen:

_____

_____

_____

_____

_____

_____

_____

7. Animationen und Folienübergänge

In dieser Lektion lernen Sie

- Folienübergänge
- Texte und Objekte animieren
- Animationsschema und benutzerdefinierte Animation
- Interaktive Schaltflächen

Was Sie für diese Lektion wissen sollten

- Objekte und Text einfügen und bearbeiten

Während der Präsentation wechseln Sie mit einem Mausklick oder über die Pfeiltasten der Tastatur zur nächsten Folie. PowerPoint verfügt über eine Reihe von integrierten Übergangseffekten, mit denen Sie nicht nur den Übergang zur nächsten Folie mit Überblendungen gestalten, sondern auch den zeitlichen Ablauf der Präsentation steuern können.

Während der Präsentation vermeiden Sie Vorauslesen, wenn Sie mit Hilfe von Animationen Text oder Objekte erst nacheinander in der Folie erscheinen lassen. Andere Animationen dienen zur Hervorhebung von Objekten. Animationen können für Platzhalter bzw. Texte, Grafik, Zeichnungselemente und alle anderen Folienobjekte verwendet werden, die Vorgehensweise ist immer gleich.

7.1. Folienübergänge

Übergangseffekte zuweisen

Register ANIMATIONEN

Sämtliche Einstellungen zu den Folienübergängen finden Sie im Register ÜBERGÄNGE. So steuern Sie den Wechsel zur aktuell ausgewählten Folie mit 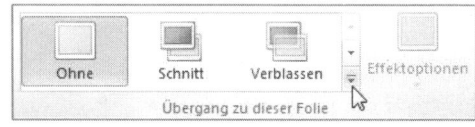 den Schaltflächen der Gruppe ÜBERGÄNGE ZU DIESER FOLIE. Hier finden Sie eine Auswahl an verschiedenen Übergangseffekten, mit dem Pfeilsymbol daneben öffnen Sie eine Galerie mit allen verfügbaren Effekten.

Effekt wählen

Effektoptionen

Nachdem Sie einen Effekt per Mausklick ausgewählt haben, können Sie bei manchen Effekten über die Schaltfläche EF-FEKTOPTIONEN weitere Einstellungen vornehmen.

Über die Schaltfläche VORSCHAU aus der Gruppe VORSCHAU können Sie den Effekt in der Normalansicht als Vorschau testen.

Register ÜBERGÄNGE, Gruppe VORSCHAU

Weitere Einstellungen können Sie in der Gruppe ANZEIGEDAUER vornehmen.

Sound, Geschwindigkeit, automatischer Ablauf

Einstellung	Beschreibung
Sound	Soll der Übergang zur Folie von einem Soundeffekt begleitet werden, dann klicken Sie auf den Pfeil des Listenfeldes SOUND und wählen den gewünschten Effekt aus.
Dauer	Hiermit können Sie festlegen, wie lange der gewählte Effekt dauern soll, dies steuert also die Übergangsgeschwindigkeit.
Nächste Folie	Über NÄCHSTE FOLIE steuern Sie, wann die nächste Folie erscheinen soll, bei Mausklick oder automatisch. Für einen automatischen Wechsel zur nächsten Folie aktivieren Sie das Kontrollkästchen NACH: und geben im nebenstehenden Feld die Anzeigedauer der aktuellen Folie an.
Für alle übernehmen	Um den Übergangseffekt einschließlich der gewählten Einstellungen allen Folien der Präsentation zuzuweisen, verwenden Sie die Schaltfläche FÜR ALLE ÜBERNEHMEN.

Folien mit einem Übergangseffekt oder einer anderen Animation sind der Ansicht Foliensortierung und in der Miniaturansicht am linken Bildschirmrand mit einem Sternsymbol gekennzeichnet.

Der Stern kennzeichnet Folien mit einer Animation

Einen automatischen Ablauf erstellen

Mit Hilfe der Folienübergänge können Sie nicht nur Übergangseffekte zuweisen, sondern auch festlegen, ob die nächste Folie nach Mausklick oder automatisch erscheinen soll. Wenn Sie das automatische Erscheinen der nächsten Folie nach einer bestimmten Zeit gewählt haben und anschließend Ihre Einstellungen für die gesamte Präsentation übernehmen, dann erhält jede Folie die gleiche Anzeigedauer. Diese Methode ist nicht immer sinnvoll, da die optimale Anzeigedauer auch vom Inhalt einer Folie abhängt. Für eine Präsentation mit automatischem Ablauf sollten Sie daher besser die Präsentation in einem Probelauf testen und die Zeiten aufzeichnen lassen. So gehen Sie bei der Aufzeichnung vor:

Automatischer Präsentationsablauf

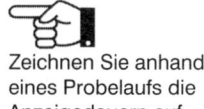

Zeichnen Sie anhand eines Probelaufs die Anzeigedauern auf

1. Klicken Sie auf das Register BILDSCHIRMPRÄSENTATION und starten Sie mit einem Mausklick auf die Schaltfläche NEUE ANZEIGEDAUERN TESTEN den Probelauf.

2. Die Bildschirmpräsentation wird gestartet, gleichzeitig erscheint in einer Ecke der Präsentation die Leiste WIRD AUFGEZEICHNET, sie zeigt die Anzeigedauer der Folie in Sekunden. Testen Sie nun die benötigte Anzeigedauer für die aktuelle Folie und klicken Sie im

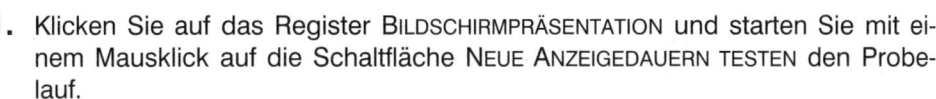

passenden Moment auf das Symbol WEITER oder wechseln Sie über die Tastatur zur nächsten Folie. Wiederholen Sie diesen Schritt für alle Folien.

3. Mit dem Symbol PAUSE können Sie die Aufzeichnung jederzeit unterbrechen, mit einem Mausklick auf die Schaltfläche AUFZEICHNUNG FORTSETZEN setzen Sie die Aufzeichnung fort.

Speichern Sie die Einstellungen

4. Nach Beenden der Präsentation erscheint eine Meldung, ob Sie die neuen Einblendezeiten speichern wollen. Bestätigen Sie mit JA, dann werden diese Zeiten für Ihre Präsentation übernommen und gespeichert.

7.2. Folienelemente animieren

Sie können alle Elemente einer Folie mit einer Animation versehen, unabhängig davon, ob es sich um ein Textelement oder ein grafisches Objekt handelt. So können Sie beispielsweise Text nacheinander in der Folie erscheinen lassen, während der Präsentation hervorheben und anschließend wieder ausblenden. PowerPoint verfügt zu diesem Zweck über eine umfangreiche Auswahl an Animationseffekten, die Sie einfach den Elementen zuweisen.

Animation zuweisen

Um einem Objekt eine Animation zuzuweisen, müssen Sie es zuvor markieren. Wechseln Sie anschließend in das Register ANIMATIONEN, hier finden Sie in der

Gruppe ANIMATION eine Auswahl an verschiedenen Effekten. Mit dem Pfeilsymbol daneben öffnen Sie eine Galerie mit allen Effekten, kategorisiert nach Eingangs-, Betonungs- und Beenden-Effekten sowie der Möglichkeit, eigene Animationspfade zu definieren. Welche Effekte zur Verfügung stehen, hängt vom jeweils markierten Objekt ab.

Effekt wählen

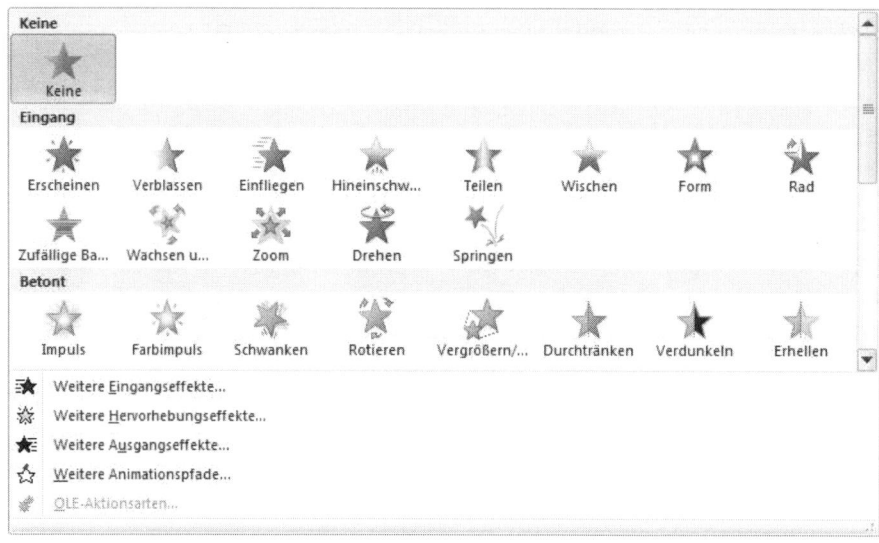

Effekttyp	Beschreibung
Eingang	Effekte, mit denen ein Element in der Folie erscheint.
Betont	Effekte, mit denen ein Element während der Anzeige der Folie optisch hervorgehoben wird.

Beenden	Effekte, mit denen ein Element wieder aus der Folie verschwindet.
Animationspfade	Hier können Sie den Weg des Objekts in der Folie selbst definieren, bzw. zeichnen.

Sobald Sie mit der Maus auf einen Effekt zeigen, sehen Sie in der Ansicht Normal eine Vorschau in Ihrer Folie. Sie können also einen Effekt zuerst testen, bevor Sie ihn dem markierten Element mit einem Mausklick zuweisen.

Die Schaltfläche VORSCHAU aus der Gruppe VORSCHAU verwenden Sie dagegen, um nachträglich alle Animationseffekte einer Folie zu kontrollieren. Über den Dropdown-Pfeil dieser Schaltfläche können Sie bei Bedarf die Autovorschau beim Darauf Zeigen deaktivieren.

Register ANIMATIONEN, Gruppe VORSCHAU

Weisen Sie nun nacheinander jedem gewünschten Folienobjekt einen Effekt zu. Bei einem manuell gesteuerten Ablauf mit Mausklick werden die animierten Elemente in der Folie mit Nummern versehen, an denen Sie den zeitlichen Animationsablauf erkennen können. Wenn die Effekte automatisch starten, dann sehen Sie eine 0.

Effektoptionen

Nachdem Sie einen Effekt per Mausklick ausgewählt haben, können Sie über die Schaltfläche EFFEKTOPTIONEN weitere Optionen vornehmen.

Beispielsweise erlauben viele Effekte die Auswahl einer Effektrichtung, wie hier im Beispiel beim Effekt "Hineinschweben".

Wenn es sich beim markierten Objekt um ein Textfeld oder Zeichnungsobjekt mit Text handelt, können Sie zudem wählen, wie der Text eingeblendet werden soll, ALS EINZELNES OBJEKT behandelt das Textfeld als normales Objekt. Mit der Einstellung ALLE GLEICHZEITIG werden alle Absätze gleichzeitig animiert, während NACH ABSATZ jeden Absatz einzeln erscheinen lässt.

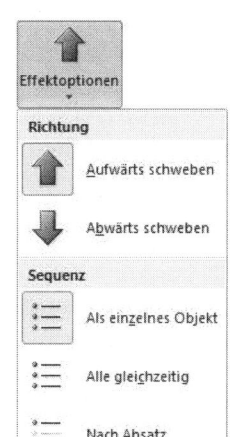

Richtung auswählen

Text nacheinander animieren

Animation ändern/ löschen

Wenn Sie einem Objekt eine Animation zugewiesen haben und diese nachträglich ändern möchten, dann markieren Sie das Objekt erneut und wählen aus der Liste einen neuen Effekt, die vorherige Animation wird hierbei verworfen. Um eine Animation wieder zu entfernen, markieren Sie das Objekt und wählen aus der Liste die Einstellung KEINE.

Mehrere Animationen verwenden

Einem Objekt mehrere Animationen zuweisen

Wenn Sie einem bereits animierten Objekt eine weitere Animation hinzufügen wollen, dann markieren Sie das Objekt und verwenden die Schaltfläche ANIMATION HINZUFÜGEN in der Gruppe ERWEITERTE ANIMATION. So können Sie beispielsweise ein Objekt zuerst einblenden, anschließend hervorheben und zuletzt wieder ausblenden lassen.

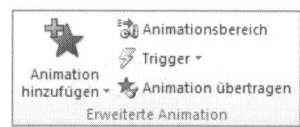

Zeitlichen Ablauf und Reihenfolge steuern

Automatisch oder Mausklick?

In der Gruppe ANZEIGEDAUER können Sie wählen, wann die Animation starten soll und den genauen zeitlichen Ablauf festlegen.

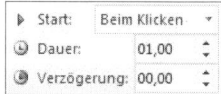

Einstellung	Beschreibung
Start	Hier können Sie festlegen, ob die Animation nach Mausklick oder automatisch zeitgleich mit der vorherigen oder nach Abschluss der vorherigen Animation gestartet werden soll.
Dauer	Hiermit legen Sie fest, wie lange die gewählte Animation dauern soll (Animationsgeschwindigkeit).
Verzögerung	Über die Verzögerung können Sie festlegen, wie viele Sekunden nach Abschluss der vorherigen Animation die gewählte Animation gestartet werden soll.

Reihenfolge ändern

Standardmäßig werden alle Elemente einer Folie in der Reihenfolge animiert, in der sie die Effekte zuweisen. Sie können jedoch die Reihenfolge ändern: markieren Sie das entsprechende Element und verwenden die Schaltflächen FRÜHER und SPÄTER unter ANIMATION NEU ANORDNEN.

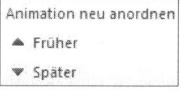

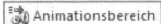

Animationsbereich verwenden

Um bei vielen Animationen den Überblick zu behalten, bietet sich die Verwendung des Animationsbereichs an, diesen öffnen Sie mit der gleichnamigen Schaltfläche. Am rechten Bildschirmrand erscheint der Arbeitsbereich ANIMATIONSBEREICH in dem alle Animationen der aktuellen Folie aufgelistet werden.

Wenn eine Animation mehrere Objekte (beispielsweise Text in einem Zeichnungseffekt) einschließt, werden die Effekte gruppiert, erkennbar am nach unten zeigenden Doppelpfeil.

Über die Pfeile können Sie auch hier die Animationsreihenfolge ändern.

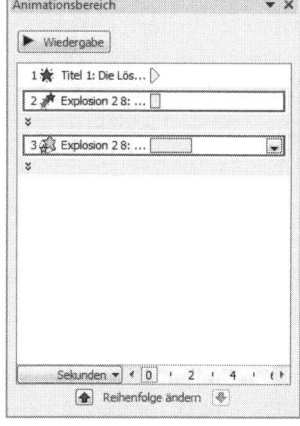

Zeitleiste

Tipp: Den genauen zeitlichen Ablauf können Sie im ANIMATIONSBEREICH anhand einer Zeitleiste kontrollieren!

Weitere Effektoptionen

Sie können im Animationsbereich noch weitere Einstellungen vornehmen, beispielsweise die Animation mit einem Sound verknüpfen oder spezielle Textanimationen. Klicken Sie dazu im Animationsbereich mit der rechten Maustaste auf eine

Animation und wählen Sie aus dem Kontextmenü den Befehl EFFEKTOPTIONEN....
Das Dialogfenster EFFEKTOPTIONEN wird geöffnet.

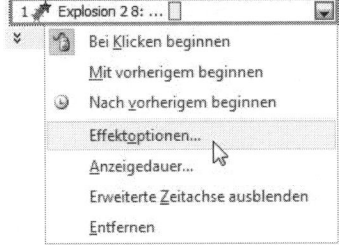
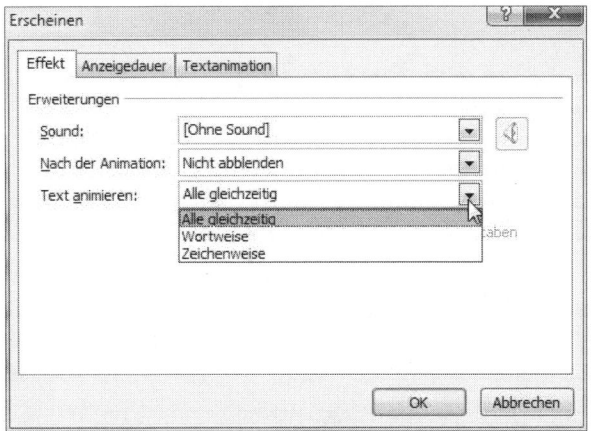

Im Register EFFEKT können Sie der Animation unter anderem einen Soundeffekt zuweisen, festlegen, was nach der Animation geschehen soll und die Art der Textanimation wählen: alles gleichzeitig, wortweise oder zeichenweise. Das Register TEXTANIMATION erlaubt es, den Text so zu gruppieren, dass beispielsweise alle Absätze ab der 1. Abschnittsebene gruppiert und dadurch gemeinsam animiert werden.

Text wortweise oder zeichenweise animieren

Diagramme animieren

Diagramme werden standardmäßig wie ein einziges Objekt mit einem Animationseffekt versehen, Sie können aber auch die Diagrammelemente einzeln animieren. So lassen sich beispielsweise in einem Tortendiagramm die Segmente nacheinander einblenden, oder ein einzelnes Segment wird speziell hervorgehoben. Beachten Sie aber, dass bei Diagrammen nicht alle Effekte zur Verfügung stehen.

Die Nummerierung zeigt die Animations-Reihenfolge an

Diagrammelemente einzeln animieren

So gehen Sie vor:

1. Markieren Sie das gesamte Diagramm und wählen Sie den gewünschten Effekt, beispielsweise einen Eingangseffekt.

2. Wählen Sie dann mit der Schaltfläche EFFEKTOPTIONEN die gewünschte Gruppierung.

Wenn Sie nur einen bestimmten Datenpunkt, zum Beispiel ein Tortenstück, animieren möchten, dann fügen Sie zunächst den Effekt für das gesamte Diagramm hinzu. Öffnen Sie nun den Animationsbereich, erweitern Sie die gruppierte Animation durch Klick auf den Doppelpfeil und löschen Sie alle Animationen zu Datenpunkten, die nicht animiert werden sollen.

7.3. Interaktive Schaltflächen

Interaktive Schaltflächen sind Zeichnungsobjekte, die Sie mit einer Aktion versehen können. Mit ihrer Hilfe können Sie beispielsweise während der Bildschirmpräsentation zu anderen Folien springen oder Programme, wie beispielsweise eine Demonstrationsanwendung außerhalb von PowerPoint starten.

Register EINFÜGEN,
Gruppe ILLUSTRATIONEN

Schaltflächen einfügen

Um eine interaktive Schaltfläche einzufügen, klicken Sie im Register EINFÜGEN, Gruppe ILLUSTRATIONEN auf die Schaltfläche FORMEN. Nun können Sie entweder ein gewöhnliches Zeichnungsobjekt einfügen und diesem nachträglich eine Aktion zuordnen (siehe unten) oder Sie wählen direkt eine Form aus der Kategorie INTERAKTIVE SCHALTFLÄCHEN.

Wenn Sie mit der Maus auf eine Schaltfläche zeigen, informiert Sie ein kurzer Infotext über die Aktion, die der Schaltfläche standardmäßig zugeordnet ist.

Die ausgewählte Schaltfläche fügen Sie wie jedes andere Zeichnungselement in die Folie ein. Gleichzeitig wird automatisch das Dialogfenster AKTIONSEINSTELLUNGEN mit der dazugehörigen Aktion geöffnet.

Nun können Sie die Aktion entweder weiter anpassen, beispielsweise mit einem Sound versehen, oder mit der Schaltfläche OK bestätigen.

Siehe Lektion 5.2,
Zeichnungselemente

Die Schaltflächen können in der Folie wie alle Zeichnungsobjekte beliebig vergrößert, verkleinert, verschoben und formatiert werden.

Eine Aktion zuweisen

Benutzerdefinierte
Aktion zuweisen

Wenn Sie einem beliebigen Objekt, wobei es sich auch um ein Textfeld oder ein Bild handeln kann, eine Aktion zuweisen möchten oder die Aktion die mit der interaktiven Schaltfläche verknüpft ist, ändern möchten, dann klicken Sie im Register EINFÜGEN, Gruppe HYPERLINKS auf die Schaltfläche AKTION, worauf das Dialogfenster AKTIONSEINSTELLUNGEN erneut geöffnet wird.

Interaktive Schaltflächen unterscheiden zwischen zwei Ereignissen: Soll die Aktion nach einem Mausklick starten oder wenn Sie mit der Maus auf die Schaltfläche zeigen (MOUSEOVER), wählen Sie im Dialogfenster AKTIONSEINSTELLUNGEN das entsprechende Register. Aus dem Dropdown-Feld HYPERLINK ZU können Sie neben den Möglichkeiten zur Foliensteuerung zwischen folgenden Optionen wählen:

Option	Beschreibung
URL...	Hier können Sie eine Webadresse angeben, die im Standardbrowser angezeigt werden soll
Andere Datei...	Wählen Sie die Datei aus, die Sie öffnen wollen, beispielsweise eine Excel-Arbeitsmappe
Andere PowerPoint Präsentation...	Eine zweite Präsentation starten

Programm starten

Die Option PROGRAMM AUSFÜHREN erlaubt auch das Starten einer bestimmten Anwendung: Mit der Schaltfläche DURCHSUCHEN... wählen Sie die Anwendung aus.

7.4. Video und Sound einfügen

Filme und Sound werden als Objekte in eine PowerPoint-Präsentation eingefügt. Wie bereits in Zusammenhang mit Microsoft Excel-Tabellen und Diagrammen beschrieben, ist auch beim Einfügen von Videos und Sounddateien zwischen verknüpften und eingebetteten Objekten zu unterscheiden.

Verknüpfen oder einbetten?

Seit Version 2010 können in PowerPoint-Präsentationen sämtliche Audio- und Videodateien eingefügt werden, die mit dem Windows Media Player auf Ihrem Betriebssystem abgespielt werden können, beispielsweise Dateien mit den Datei-namenserweiterungen .mp3, .m4a, .mpg, .avi.. Beachten Sie aber, dass die Dateigröße der Präsentation um die Größe der eingefügten Datei ansteigt.

Dateigröße!

Wenn Sie die Dateigröße Ihrer PowerPoint-Präsentation klein halten möchten, können Sie die Audio- oder Videodateien auch als Verknüpfung einfügen. Dann sollten Sie aber vor dem Einfügen die Datei in den gleichen Ordner wie Ihre Prä-sentation kopieren. Solange sich eine verknüpfte Datei im selben Ordner wie die Präsentation befindet, wird die Datei auch dann gefunden, wenn Sie den Ordner verschieben oder auf einen anderen Computer kopieren.

Video einfügen

Filme sind Videodateien mit Dateinamenserweiterungen wie beispielsweise .avi, mpeg, .mp4. Zum Einfügen klicken Sie entweder in einem Platzhalterfeld auf das Symbol MEDIACLIP EINFÜGEN oder verwenden die Schaltfläche VIDEO im Register EINFÜGEN, Gruppe MEDIEN.

Register EINFÜGEN, Gruppe MEDIEN

Das Dialogfenster VIDEO EINFÜGEN wird geöffnet: Wählen Sie den Ordner in dem sich die gewünschte Datei befindet, markieren Sie sie und klicken Sie auf die Schaltfläche EINFÜGEN.

Um das Video als Verknüpfung einzufügen, klicken Sie im Dialogfenster VIDEO EINFÜGEN auf den Dropdown-Pfeil der Schaltfläche EINFÜGEN und dann auf den Befehl VERKNÜP-FUNG MIT DATEI.

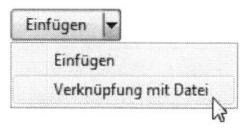

Weitere Videoquellen sind Webvideos und ClipArt-Videos. Diese können Sie Ihre Präsentation einfügen, indem Sie auf den Dropdown-Pfeil der Schaltfläche VIDEO im Register EINFÜGEN, Gruppe MEDIEN klicken und den gewünschten Befehl wählen.

Siehe Lektion 5.1, ClipArt einfügen

Mit der Option CLIPART-VIDEO... erscheint am rechten Bildschirmrand der Aufga-benbereich CLIPART. Die hier verfügbaren Clips sind keine echten Filme, sondern animierte GIF-Dateien. es handelt sich eigentlich um mehrere Einzelbilder die nach dem Prinzip eines "Daumenkinos" einen ständig wiederholenden Bewe-gungsablauf erzeugen. Diese werden von PowerPoint wie Bilder behandelt, es erscheinen keine Videosteuerelemente und die Wiedergabe startet automatisch.

Gif-Animationen

Bei allen anderen Videodateien wird das Video zusammen mit den Videosteue-relementen für Start/ Pause, Vor/ Zurück, Lautstärke und Videoposition angezeigt. Diese können Sie auch während der Bildschirmpräsentation verwenden.

Videooptionen

Sobald Sie ein Video markiert haben, erscheinen die beiden neuen Register VIDE-
OTOOLS - FORMAT und - WIEDERGABE, die Ihnen verschiedene Videooptionen zur
Verfügung stellen.

Im Register VIDEOTOOLS - FORMAT können Sie Ihrem Video beispielsweise nahezu
sämtliche Formatierungen zuweisen, die Sie bereits aus Lektion 5 kennen. Das
Register VIDEOTOOLS - WIEDERGABE bietet unter anderem folgende Möglichkeiten:

Register	Beschreibung
Vorschau	Startet die Wiedergabe innerhalb der Ansicht Normal.
Sprungmarken	Hiermit können Sie an der aktuellen Videoposition eine Sprung-marke definieren bzw. wieder entfernen. Diese können später während der Bildschirmpräsentation durch Mausklick auf die Sprungmarke direkt angesprungen werden.
Bearbeiten	Mit den Feldern EINBLENDEN bzw. AUSBLENDEN können Sie festle-gen, ob Ihr Video einen sanften Ein- bzw. Ausblendeffekt erhalten soll. Über die Schaltfläche VIDEO KÜRZEN können Sie mittels Ver-schieben der grünen und roten Markierungen das Video schnei-den.
Videooptionen	Über die Schaltfläche LAUTSTÄRKE legen Sie die Lautstärke des Videos fest, Sie können den Ton auch komplett ausschalten. Un-ter START legen Sie fest, ob das Video durch Klicken oder automa-tisch beim Anzeigen der Folie gestartet werden soll. Zudem können Sie über die Kontrollkästchen steuern, ob die Wiedergabe im Vollbildmodus erfolgen soll, ob die Videosteue-relemente ausgeblendet werden sollen, solange kein Video wie-dergegeben wird und was am Ende des Videos passieren soll.

Siehe Lektion 7.3,
Interaktive
Schaltflächen

Tipp: PowerPoint unterstützt nicht alle Videoformate. Um ein Video dennoch in der
Präsentation zu verwenden, fügen Sie eine interaktive Schaltfläche ein, über die
Sie mit einem Mausklick das entsprechende Abspielprogramm mit dem Video
starten.

Audio einfügen

Abgesehen von den kurzen Soundeffekten, die Sie zusammen mit Folienübergängen oder Animationen verwenden können, lassen sich auch längere Audiodateien in die Präsentation einfügen. Klicken Sie dazu im Register EINFÜGEN, Gruppe MEDIEN auf die Schaltfläche AUDIO. Das Dialogfenster AUDIO EINFÜGEN wird geöffnet: Wählen Sie den Ordner in dem sich die gewünschte Datei befindet, markieren Sie sie und klicken Sie auf die Schaltfläche EINFÜGEN.

Register EINFÜGEN, Gruppe MEDIEN

Um die Audiodatei als Verknüpfung einzufügen, klicken Sie auf den Dropdown-Pfeil der Schaltfläche EINFÜGEN und dann auf den Befehl VERKNÜPFUNG MIT DATEI.

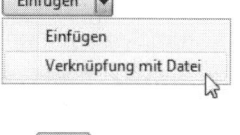

Des Weiteren können Sie auch Audio von einem an Ihren Computer angeschlossenen Mikrofon aufnehmen oder auf ClipArt-Audio zurückgreifen. Klicken Sie dazu auf den Dropdown-Pfeil der Schaltfläche AUDIO im Register EINFÜGEN, Gruppe MEDIEN und wählen Sie den gewünschten Befehl.

Siehe Lektion 5.1, ClipArt einfügen

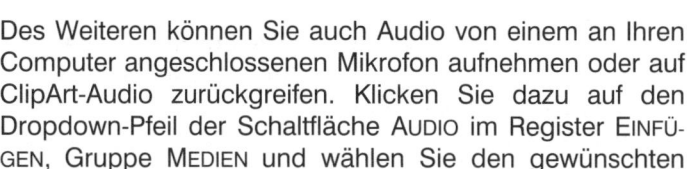

Nach dem Einfügen der Audiodatei erscheint ein Lautsprechersymbol in der Folie zusammen mit den Audiosteuerelementen für Start/ Pause, Vor/ Zurück, Lautstärke und Audioposition. Diese können Sie auch während der Bildschirmpräsentation verwenden.

Audiooptionen

Sobald Sie ein Audioobjekt markiert haben, erscheinen die beiden neuen Register AUDIOTOOLS - FORMAT und - WIEDERGABE, die Ihnen verschiedene Audiooptionen zur Verfügung stellen. Die Funktionen sind identisch zu den Videooptionen.

Siehe Lektion 7.4, Video einfügen

Wiedergabedauer steuern

Standardmäßig endet die Audiowiedergabe beim Wechsel zur nächsten Folie. Soll die Wiedergabe über mehrere Folien hinweg erfolgen, dann wählen Sie im Register WIEDERGABE, Gruppe AUDIOOPTIONEN im Feld START die FOLIENÜBERGREIFENDE WIEDERGABE aus.

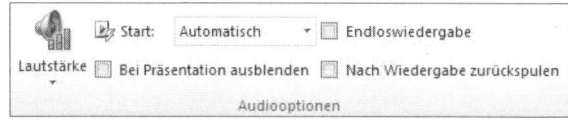
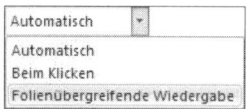

Wenn Sie die automatische Wiedergabe gewählt haben und das Audiosymbol in der Folie als störend empfinden, dann können Sie das Symbol unsichtbar machen, indem Sie es mit der Maus einfach aus der Folie heraus in den Hintergrundbereich verschieben.

Tipp: PowerPoint unterstützt nicht alle Audioformate. Um die Audiodatei dennoch in eine Präsentation einzufügen, verwenden Sie eine interaktive Schaltfläche über die Sie mit einem Mausklick das entsprechende Abspielprogramm mit der Audiodatei starten.

Siehe Lektion 7.3, Interaktive Schaltflächen

7.5.   Zusammenfassung

- Folienübergänge sind Überblendeffekte mit denen Sie den Wechsel zur nächsten Folie gestalten. Gleichzeitig können Sie festlegen, ob der Wechsel automatisch oder nach einem Mausklick bzw. Tastendruck erfolgen soll. Soll die gesamte Präsentation automatisch ablaufen, dann sollten Sie für jede Folie individuelle Einblendezeiten während eines Probelaufs aufzeichnen lassen.

- Alle Folienelemente, also Text, Grafik, Zeichnungsobjekte oder Diagramme können mit verschiedenen Animationseffekten versehen werden. PowerPoint unterscheidet dabei zwischen Eingangseffekten, Hervorhebungen, Effekten zum Ausblenden von Objekten und Animationspfaden, die einen Weg über die Folie vorgeben. Bei Textanimationen können Sie die Reihenfolge festlegen, in der die Absätze animiert werden.

- Interaktive Schaltflächen erlauben während der Bildschirmpräsentation das schnelle Ansteuern einer bestimmten Folie, weitere Möglichkeiten sind Hyperlinks auf Webseiten oder das Starten einer Anwendung. Hyperlinks und Aktionseinstellungen können nicht nur interaktiven Schaltflächen, sondern auch beliebigen Zeichnungsobjekten oder Grafiken zugewiesen werden.

- Video- und Audiodateien werden als Objekte in eine Folie eingefügt. Die Wiedergabe startet entweder automatisch mit dem Einblenden der Folie oder auf Mausklick. Da diese Dateien automatisch in die Präsentation eingebettet werden, kann die Dateigröße dadurch stark anwachsen. Sie sollten daher große Dateien als Verknüpfung einfügen, um Speicherplatz zu sparen.

Bemerkungen:

_____

_____

_____

_____

_____

_____

8. Mit Masterfolien arbeiten

In dieser Lektion lernen Sie

- Mit Folienmaster und Masterlayouts arbeiten
- Designs anpassen und individuelle Präsentationsdesigns gestalten
- Eigene Vorlagen erstellen und speichern

Was Sie für diese Lektion wissen sollten

- Text formatieren
- Arbeiten mit Grafikobjekten

Gute Präsentationen sind einheitlich gestaltet und wirken wie aus einem Guss. Dies betrifft in erster Linie den Einsatz von Farben, Schriften und Hintergründen. Hierfür haben Sie bereits Vorlagen und Designs kennen gelernt. Um die Gestaltung komplett nach Ihren Vorstellungen vorzunehmen, verwenden Sie die so genannten Folienmaster.

8.1. Was sind Master?

Master sind Vorlagen für Folien und Layouts einer Präsentation, sie steuern Formatierungen wie Schriftart, Schriftgröße und -farbe, Hintergründe sowie die Position der Platzhalterfelder. Änderungen wirken sich automatisch auf das Aussehen aller Folien aus, dies betrifft sowohl bereits erstellte Folien als auch Folien, die erst später hinzugefügt werden. Nachträgliche einzelne Änderungen der Formatierung, die Sie in der Normalansicht in einigen Folien vornehmen, wie beispielsweise Unterstreichungen, werden jedoch beibehalten. Wenn Sie im Folienmaster ein Bild einfügen, etwa ein Firmenlogo, dann ist dieses Logo auf jeder Folie sichtbar.

Vorlagen für das Aussehen aller Folien

Die Bearbeitung der Master erfolgt in der Masteransicht. Klicken Sie dazu im Register ANSICHT in der Gruppe MASTERANSICHTEN auf die Schaltfläche FOLIENMASTER. Mit der Schaltfläche MASTERANSICHT SCHLIEßEN, Register FOLIENMASTER kehren Sie zurück zur Normalansicht.

Register ANSICHT, Gruppe MASTERANSICHTEN

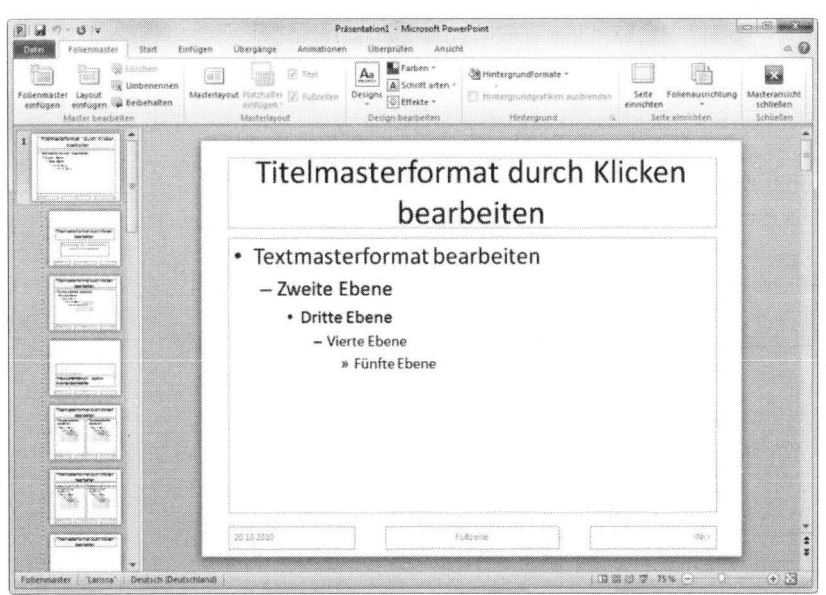

Die Masteransicht dient nicht zur Texteingabe. Klicken Sie auf die Schaltfläche MASTERANSICHT SCHLIEßEN, um wieder zur Normalansicht zurückzukehren.

Die Masteransicht gleicht der Ansicht Normal, allerdings sehen Sie im linken Navigationsbereich anstelle der Präsentationsfolien die verschiedenen Folienlayouts, sie werden als Masterlayouts bezeichnet.

Folienmaster

Folienmaster

Die erste, etwas größere Folie im Navigationsbereich ist der Folienmaster. Dieser legt das Aussehen, also die Formatierung der gesamten Präsentation fest. Änderungen an der Formatierung des Folienmasters, beispielsweise Schriftart, Schriftfarbe oder Hintergrund wirken sich auf die gesamte Präsentation aus, bzw. werden für alle Folienlayouts übernommen.

Masterlayouts

Masterlayouts

Alle weiteren Folien im linken Bereich steuern das Aussehen der einzelnen Layouts. So ist beispielsweise die zweite Folie der so genannte Titelmaster, Änderungen an diesem Masterlayout wirken sich ausschließlich auf Folien aus, die dieses Layout verwenden.

8.2. Masterformate festlegen

Design und Farben wählen

Falls noch nicht geschehen, dann sollten Sie im ersten Schritt ein Design auswählen. Dieses können Sie in der Masteransicht anschließend nach Ihren Vorstellungen abändern. Sie können aber auch die Präsentation einschließlich der Layouts komplett selbst gestalten, dann wählen Sie das Standarddesign.

Klicken Sie dazu in der Ansicht Folienmaster, Register FOLIENMASTER in der Gruppe DESIGNS BEARBEITEN auf die Schaltfläche DESIGN. Das ausgewählte Design steuert den Gesamtentwurf aller Folien der Präsentation.

Farbzusammenstellung

Farben

Bei der Auswahl der Farben sollten Sie zunächst eine der integrierten Designfarbzusammenstellungen verwenden. Klicken Sie dazu im Register FOLIENMASTER, Gruppe DESIGNS BEARBEITEN, auf die Schaltfläche FARBEN und anschließend auf eines der Farbschemas.

Möchten Sie eigene Designfarben verwenden oder einzelne Farben ändern, dann klicken Sie erneut auf die Schaltfläche FARBEN und dann auf den Befehl NEUE DESIGNFARBEN ERSTELLEN....

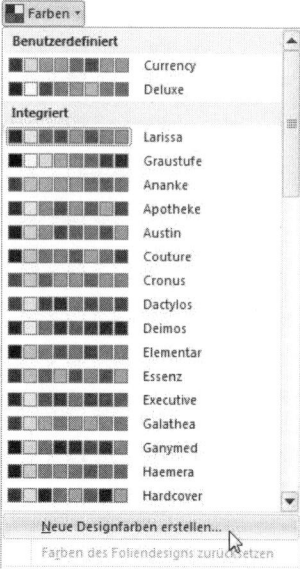

Zum Ändern einer Farbe klicken Sie auf den kleinen Pfeil und wählen die gewünschte Farbe aus.

Die geänderte Farbzusammenstellung kann anschließend unter einem Namen auch für spätere Verwendung gespeichert werden.

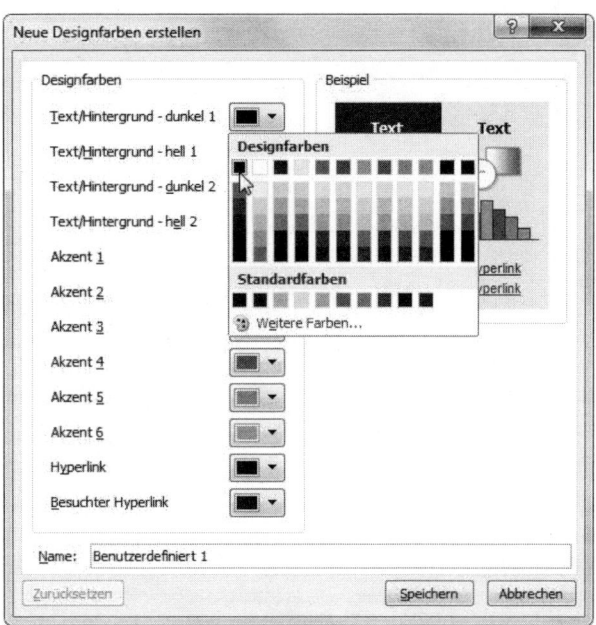

Eigene Farben verwenden

Schriftarten

Über die beiden anderen Schaltflächen der Gruppe DESIGN BEARBEITEN, können Sie noch die verwendeten Schriftarten sowie besondere Effekte für Zeichnungselemente auswählen.

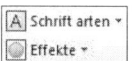

Hintergrund

Im Gegensatz zum Design können Sie den Hintergrund für jedes Folienlayout einzeln festlegen. Achten Sie daher darauf, dass Sie im linken Bereich zuerst das entsprechende Layout markieren müssen.

Der ausgewählte Hintergrund bezieht sich ausschließlich auf das markierte Masterlayout. Soll der gewählte Hintergrund alle Folien einbeziehen, dann müssen Sie zuvor Sie die erste, etwas größere Folie, den Folienmaster markieren!

Klicken Sie dann im Register FOLIENMASTER, Gruppe HINTERGRUND, auf die Schaltfläche HINTERGRUNDFORMATE und wählen Sie eine geeignete Vorlage.

Weitere Möglichkeiten finden Sie im Dialogfenster HINTERGRUND FORMATIEREN. Klicken Sie dazu auf die Schaltfläche HINTERGRUNDFORMATE und anschließend auf den Befehl HINTERGRUND FORMATIEREN....

Im Dialogfenster HINTERGRUND FORMATIEREN können Sie zwischen einfarbiger Füllung, einem Farbverlauf, und einer Bild-, Textur- oder Musterfüllung wählen. Um die Textlesbarkeit zu verbessern können Sie zudem den Schieberegler TRANSPARENZ verwenden.

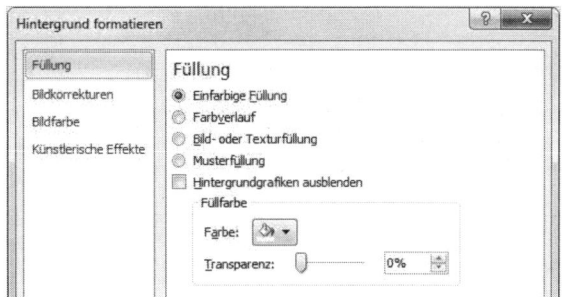

Weitergehende Einstellungen

Tipp: Soll nur eine einzelne Folie der Präsentation einen anderen Hintergrund erhalten, dann können Sie ihr auch in der Ansicht Normal einfach einen anderen Hintergrund zuweisen.

8.3.   Folienmaster bearbeiten

Erste, etwas größere Folie

Im nächsten Schritt sollten Sie den Folienmaster genauer bearbeiten. Markieren Sie im linken Bereich die erste, etwas größer dargestellte Folie. Nun können Sie im Folienbereich die Formatierung ändern. Beginnen Sie am besten mit dem Folientitel. Klicken Sie in den Platzhalter und wählen Sie die gewünschten Zeichen- und Absatzformate.

Formatierung der Gliederungsebenen

Genauso verfahren Sie mit dem eigentlichen Textbereich. Hier stehen Ihnen fünf Gliederungsebenen zur Verfügung, denen Sie unterschiedliche Formate zuweisen können. Klicken Sie auf die jeweilige Gliederungsebene und wählen Sie die gewünschte Formatierung. Auch die Aufzählungszeichen können Sie nach Belieben verändern.

Bei jeder Bearbeitung in der Masteransicht sollten Sie zuerst überlegen, für welche Folien die Änderung gelten soll. Formatierungen, die Sie am Folienmaster, also der ersten, etwas größeren Folie vornehmen, wirken sich immer auf alle Layouts aus. Um ein einzelnes Layout zu gestalten, müssen Sie dieses zuerst markieren.

Fußzeile formatieren

Fußzeile formatieren

Keine Texteingabe!

Je nach Design befinden sich am unteren oder oberen Rand des Folienmasters die Platzhalter für Datum, Foliennummerierung und Fußzeile. Auch diese Felder können Sie nach Ihren Vorstellungen formatieren und platzieren. Geben Sie aber in der Masteransicht keinen Text in die Platzhalter der Fußzeile ein. Dieser ist in der Bildschirmpräsentation nicht sichtbar!

Logo einfügen

Soll das Logo in allen Layouts erscheinen?

Wenn Sie ein Bild, beispielsweise ein Logo im Folienmaster einfügen, dann ist dieses Logo in allen Folien der Präsentation sichtbar. Fügen Sie dagegen das Logo nur in ausgewählten Masterlayouts hinzu, so erscheint das Logo ausschließlich in Folien, die dieses Layout verwenden. Gleiches gilt auch für alle anderen Objekte, beispielsweise Zeichnungselemente oder Hintergrundbilder.

8.4. Masterlayouts bearbeiten

Die Masterlayouts befinden sich im linken Bereich unterhalb des Folienmasters. Sie steuern das Aussehen der Folien, die auf dem jeweiligen Layout basieren. Diese können Sie nun nacheinander ebenfalls anpassen, indem Sie Größe und Position der Platzhalter bearbeiten. Alle hier vorgenommenen Formatierungen, sowie Hintergründe und Grafiken gelten ausschließlich für Folien, die auf diesem Layout basieren.

Größe und Position der Platzhalter anpassen

Sobald Sie in einen Platzhalter (Masterbereich) klicken, wird ein Rahmen mit Anfasspunkten sichtbar und Sie können mit der Maus jeden der Bereiche vergrößern, verkleinern und verschieben. Auch die Position von Foliennummer und Fußzeile kann beliebig verändert werden, beispielsweise können Sie den Platzhalter Fußzeile an den oberen Rand der Folie verschieben (Kopfzeile).

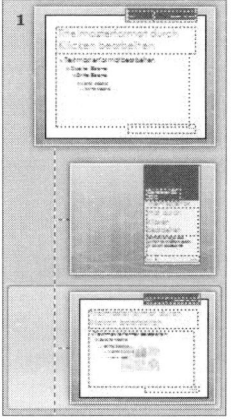

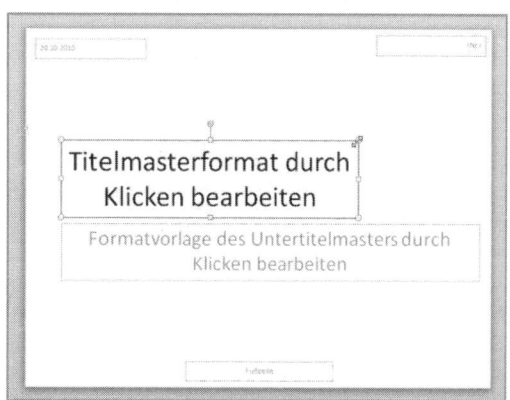

Siehe Lektion 5.3, Zeichnungselemente und Objekte positionieren

Markieren Sie ein Masterlayout

und bearbeiten Sie anschließend das Layout

Tipp: Als Hilfe zur exakten Positionierung sollten Sie Raster (Register ANSICHT - GITTERNETZ) und Führungslinien am Bildschirm einblenden.

Platzhalter löschen und hinzufügen

Enthält ein Layout ein Platzhalterfeld, das Sie nicht benötigen, dann markieren Sie das Feld und löschen es mit der Entf-Taste aus dem jeweiligen Layout.

Platzhalter löschen

Um versehentlich gelöschte Platzhalter im Folienmaster wieder einzublenden klicken Sie im Register FOLIENMASTER, Gruppe MASTERLAYOUT, auf die Schaltfläche MASTERLAYOUT, und aktivieren die entsprechenden Kontrollkästchen.

Beachten Sie aber, dass dies nur für den Folienmaster gilt, in den einzelnen Masterlayouts verwenden Sie die Kontrollkästchen, um Titel und Fußzeilen einzublenden.

Benutzerdefiniertes Layout erstellen

Sie können auch weitere, benutzerdefinierte Layouts erstellen. Klicken Sie dazu im Register FOLIENMASTER in der Gruppe MASTER BEARBEITEN auf die Schaltfläche LAYOUT EINFÜGEN.

Register FOLIENMASTER, Gruppe MASTER BEARBEITEN

PowerPoint fügt ein weiteres Masterlayout hinzu, das bis auf den Platzhalter Folientitel leer ist.

Zum Hinzufügen weiterer Platzhalter klicken Sie in der Gruppe MASTER BEARBEITEN auf die Schaltfläche PLATZHALTER EINFÜGEN.

Eine Auswahlliste von Folienelementen erscheint. Klicken Sie auf den gewünschten Typ und fügen Sie das Feld in die Folie ein, indem Sie mit gedrückter linker Maustaste ein Rechteck in der gewünschten Größe zeichnen.

Handelt es sich um ein Platzhalterfeld für Text, so können Sie den Platzhalter anschließend noch beliebig formatieren.

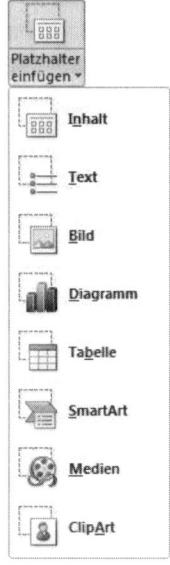

Layouts löschen

Nicht benötigte Masterlayouts markieren Sie und entfernen Sie mit der Schaltfläche LÖSCHEN.

Weitere Folienmaster hinzufügen

Ein zweiter Folienmaster

Benötigen Sie für mehrere Folien der Präsentation eine völlig andere Formatierung, dann fügen Sie einen weiteren Folienmaster hinzu. Klicken Sie dazu in der Ansicht Folienmaster in der Gruppe MASTER BEARBEITEN auf die Schaltfläche FOLIENMASTER EINFÜGEN.

Im linken Bereich wird ein weiterer (etwas größerer) Folienmaster mit der Nummer 2 hinzugefügt, den Sie nun wieder bearbeiten können.

Weitere Master

Siehe Lektion 9.2, Drucken von Notizen und Handzetteln

Neben dem Folienmaster gibt es auch noch den Handzettelmaster und den Notizenmaster. Damit können Sie auch das Aussehen von Handzetteln und Notizen für den Ausdruck festlegen.

8.5. Eigene Vorlagen speichern

Meist ist es üblich, das Corporate Design und das Logo der Firma in allen Präsentationen zu verwenden. Für ein einheitliches Erscheinungsbild aller Präsentationen sollten Sie eine benutzerdefinierte Vorlage speichern. Beginnen Sie entweder mit einer neuen, leeren Präsentation oder öffnen Sie eine vorhandene Präsentation. Sie können auch eines der integrierten Designs verwenden und entsprechend abändern.

Eine individuelle
Vorlage gestalten

Master bearbeiten

Öffnen Sie die Ansicht FOLIENMASTER, beginnen Sie mit der ersten Folie, dem Folienmaster und nehmen Sie hier alle Formatierungen vor:

Nehmen Sie alle
Formatierungen in der
Masteransicht vor

- Wählen Sie ein Farbschema bzw. bearbeiten Sie eine der vorhandenen Farbzusammenstellungen und legen Sie die Schrift- und Absatzformatierungen fest.

- Bearbeiten Sie dann nacheinander die einzelnen Masterlayouts.

- Fügen Sie im Folienmaster oder in den Masterlayouts Firmenlogo und, falls erforderlich, weitere Zeichnungselemente ein.

- Löschen Sie nicht benötigte Masterlayouts und fügen Sie ggf. weitere benutzerdefinierte Layouts hinzu.

- Schließen Sie die Masteransicht und testen Sie die Präsentation, indem Sie einige Folien mit beliebigen Inhalten einfügen.

Testen Sie die Vorlage
mit beliebigen Inhalten

- Löschen Sie die nicht benötigten Folien wieder.

Vorlage speichern

Speichern Sie Ihre Vorlage. Klicken Sie auf das Register DATEI und wählen Sie den Befehl SPEICHERN UNTER. Geben Sie einen Dateinamen ein und klicken Sie auf den Auswahlpfeil des Feldes Dateityp. Wählen Sie hier als Dateityp PowerPoint-Vorlage (.potx) und klicken Sie auf SPEICHERN.

Dateityp:
PowerPoint-Vorlage

Speicherort wählen

Benutzerdefinierte Vorlagen werden standardmäßig im Ordner VORLAGEN (TEMPLATES) gespeichert, der genaue Speicherort hängt vom Betriebssystem Ihres Computers ab. Wenn Sie diesen Speicherort beibehalten, dann erscheint Ihre Vorlage beim Erstellen einer neuen Präsentation in der Kategorie MEINE VORLAGEN.

Speicherort Vorlagen

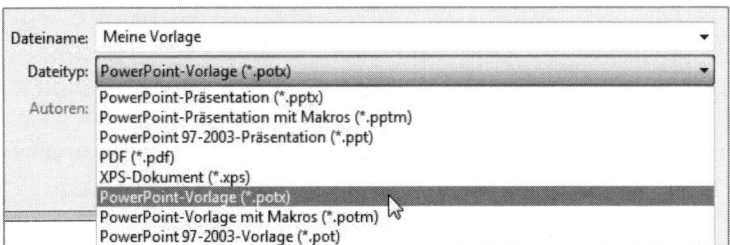

Benutzerdefinierte Vorlage verwenden

Wenn Sie bei der Erstellung einer neuen Präsentation Ihre Vorlage verwenden wollen, dann klicken wählen Sie im Register DATEI, Menüpunkt NEU die Kategorie MEINE VORLAGEN.... PowerPoint öffnet ein Fenster mit allen benutzerdefinierten Vorlagen. Markieren Sie die gewünschte Vorlage und klicken Sie auf die Schaltfläche OK.

Neu: Meine Vorlagen

Eine benutzerdefinierte Vorlage erscheint nur dann in der Kategorie MEINE VORLAGEN, wenn Sie im Ordner VORLAGEN gespeichert wurde.

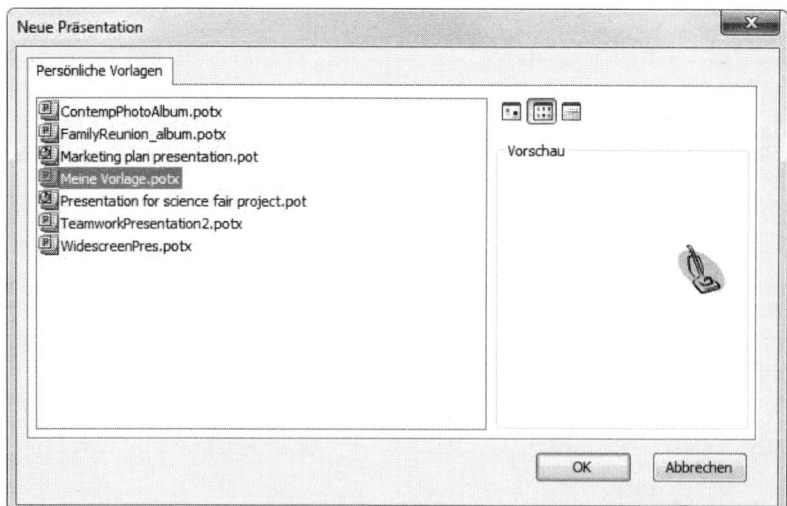

Haben Sie Ihre Vorlage an einem anderen Ort gespeichert, dann können Sie die Vorlage ebenfalls verwenden. Mit einem Doppelklick auf das Dateisymbol wird im Windows-Explorer nicht die Vorlage geöffnet, sondern eine Kopie der Vorlage als neue Präsentation erstellt.

8.6. Zusammenfassung

- Der Folienmaster ist eine Vorlage für Folien und steuert die Formatierung aller Folien einer Präsentation. PowerPoint unterscheidet zwischen Folienmaster und Masterlayouts. Änderungen, die Sie am Folienmaster vornehmen beziehen alle Folien mit ein. Änderungen, die an einem einzelnen Masterlayout vorgenommen werden, beziehen sich ausschließlich auf diejenigen Folien der Präsentation, die dieses Layout verwenden.

- In der Ansicht Folienmaster formatieren Sie alle Platzhalter wie beispielsweise Folientitel, bis zu fünf Gliederungsebenen sowie Fußzeile und Foliennummer. Zeichnungselemente oder Grafiken, die Sie im Folienmaster oder einem Masterlayout einfügen, erscheinen in den entsprechenden Folien der Präsentation und können nur in der Ansicht Folienmaster wieder entfernt werden.

- In der Masteransicht weisen Sie auch den Folien der Präsentation einen Hintergrund zu. Neben den integrierten Designfarben können Sie auch benutzerdefinierte Farbschemas erstellen und speichern oder einzelne Farben eines Designs ändern. Weitere Master sind Handzettelmaster und Notizenmaster über die Sie einheitliche Ausdrucke der Präsentation gestalten können.

- Eine benutzerdefinierte Vorlage speichert alle Formatierungen, die Sie im Folienmaster vorgenommen haben. Zum Speichern wählen Sie den Dateityp PowerPoint-Vorlage. Benutzerdefinierte Vorlagen stehen beim Erstellen einer neuen Präsentation unter der Kategorie MEINE VORLAGEN zur Verfügung, wenn Sie im Ordner Vorlagen gespeichert wurden. Andernfalls wird im Windows-Explorer beim Doppelklick auf das Dateisymbol automatisch eine Kopie der Vorlage als neue Präsentation erstellt.

Bemerkungen:

_____

_____

9. Eine Bildschirmpräsentation vorführen und drucken

In dieser Lektion lernen Sie

- Bildschirmpräsentation einrichten und vorführen
- Zielgruppenorientierte Präsentation
- Folien, Notizenseiten und Handzettel drucken
- Eine Präsentation auf CD oder einen anderen Datenträger kopieren

In den meisten Fällen werden mit PowerPoint Bildschirmpräsentation erstellt. Sie können PowerPoint aber auch für andere Zwecke nutzen, beispielsweise um Folien für den Overheadprojektor zu gestalten. Zum Drucken einer Präsentation stehen Ihnen verschiedene Möglichkeiten wie Folienausdruck, Handzettel und Notizenseiten zur Verfügung. Daneben können Sie eine Präsentation auch mit Microsoft Word weiterbearbeiten.

9.1. Bildschirmpräsentation

Bildschirmpräsentation einrichten

Alle erforderlichen Befehle zum Einrichten und zum Ablauf einer Bildschirmpräsentation finden Sie im Register BILDSCHIRMPRÄSENTATION.

Register BILDSCHIRM-
PRÄSENTATION

Art der Präsentation

Erweiterte Einstellungsmöglichkeiten bietet die Schaltfläche BILDSCHIRMPRÄSENTATION EINRICHTEN. Dazu gehört unter anderem die Frage, ob die Präsentation in einem Fenster oder in voller Größe ablaufen soll, standardmäßig sollten Sie als Art der Präsentation die Option PRÄSENTATION DURCH EINEN REDNER wählen. Damit wird während der Präsentation die Arbeitsoberfläche von PowerPoint ausgeblendet und die Wiedergabe der Folien erfolgt in voller Bildschirmgröße. Weitere Optionen, wie automatische Wiederholung, legen Sie ebenfalls in diesem Dialogfenster fest.

Präsentation durch
einen Redner

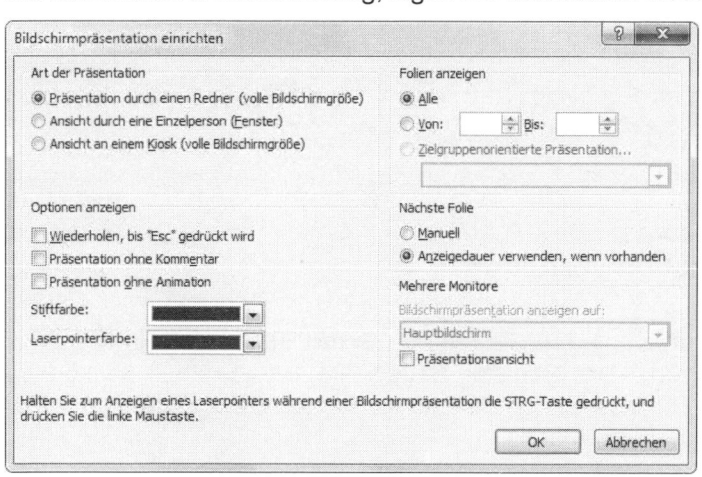

Bildschirmauflösung ändern

Möchten Sie die Präsentation mit einer anderen Bild-
schirmauflösung (beispielsweise für einen Beamer) vorführen, so ändern Sie im Register BILDSCHIRM-
PRÄSENTATION, Gruppe BILDSCHIRME die Auflösung durch
Klick auf das Dropdown-Feld AUFLÖSUNG.

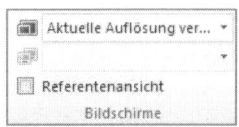

Zielgruppenorientierte Präsentation

Wenn Sie eine Präsentation vor unterschiedlichen Gruppen von Zuhörern vorführen möchten, dann besteht die Möglichkeit, eine zielgruppenorientierte Präsentation einzurichten. Klicken Sie dazu auf die Schaltfläche BENUTZERDEFINIERTE
BILDSCHIRMPRÄSENTATION und wählen Sie die Option ZIELGRUPPENORIENTIERTE BILD-
SCHIRMPRÄSENTATION.

Zusammenstellung von
Folien für
unterschiedliche
Zielgruppen

Klicken Sie auf die Schaltfläche NEU...
und geben Sie einen Namen für die
Präsentation an. Anschließend fügen
Sie die benötigten Folien hinzu. Sie
können mit gedrückter Strg-Taste auch
mehrere Folien markieren und diese
gleichzeitig hinzufügen.

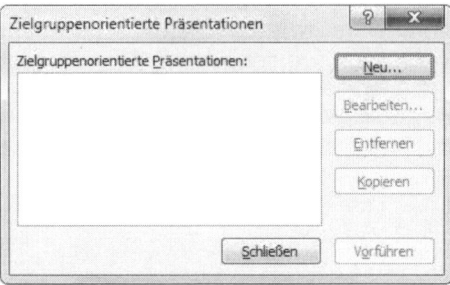

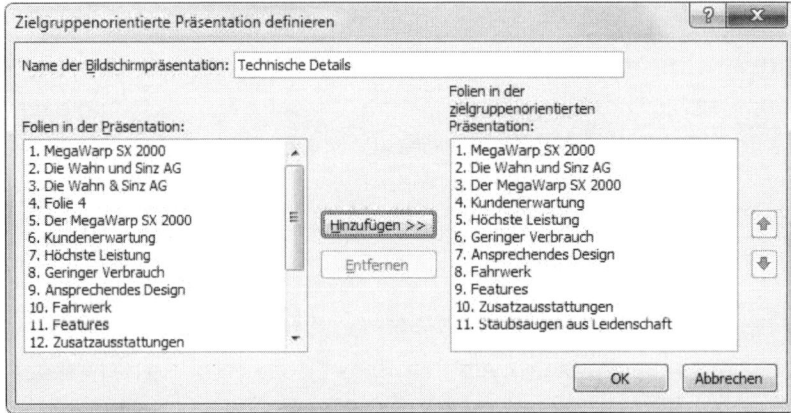

Zum Vorführen der zielgruppenorientierten Bildschirmpräsentation wählen Sie die
gewünschte Präsentation über die Schaltfläche BENUTZERDEFINIERTE BILDSCHIRM-
PRÄSENTATION aus.

Folie ausblenden

Tipp: Wenn Sie nur wenige Folien zeitweise aus der Präsentation ausblenden
möchten, klicken Sie auf die Schaltfläche FOLIE AUSBLENDEN im Register BILD-
SCHIRMPRÄSENTATION, Gruppe EINRICHTEN.

Bildschirmpräsentation vorführen

Präsentation starten

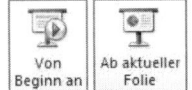

Die eigentliche Präsentation starten Sie mit den Schaltflächen der Gruppe BILD-
SCHIRMPRÄSENTATION STARTEN im Register BILDSCHIRMPRÄSENTATION. Sie können
entweder mit der ersten Folie beginnen oder ab der aktuellen Folie starten, Klicken
Sie auf die entsprechende Schaltfläche.

Nützliche Tasten während der Bildschirmpräsentation

Tasten für die Präsentation

Befehl	Taste
Bildschirmpräsentation starten	F5
Nächste Folie	Linke Maustaste Eingabe-Taste Pfeiltaste rechts bzw. unten Bildschirmseite nach unten N Leertaste
Vorherige Folie	Pfeiltaste links bzw. oben Bildschirmseite nach oben P Rücktaste
Wechsel zu einer bestimmten Folie	Foliennummer + Eingabetaste
Anzeigen einer leeren schwarzen Folie	B (Black). Mit einer beliebigen Taste wird die Präsentation fortgesetzt
Anzeigen einer leeren weißen Folie	W (White). Mit einer beliebigen Taste wird die Präsentation fortgesetzt
Stift-Modus	Strg + P
Präsentation beenden	Esc

Weitere Möglichkeiten

Während der Bildschirmpräsentation stehen Ihnen am unteren linken Bildschirmrand einige Schaltflächen zur Steuerung des Ablaufs zur Verfügung, sie erscheinen erst, wenn Sie mit der Maus darauf zeigen!

Beachten Sie den linken unteren Bildschirmrand

Mit den Pfeilen nach rechts/ links blenden Sie die nächste, bzw. vorherige Folie ein.

Anmerkungen hinzufügen

Während einer Bildschirmpräsentation können Sie die Maus, bzw. einen Stift für Anmerkungen und Hervorhebungen in den Folien benutzen. Klicken Sie auf das Stift-Symbol und wählen Sie ggf. Stiftform und -farbe.

Stift verwenden

Beim Beenden erscheint eine Meldung, ob Sie Ihre Anmerkungen beibehalten möchten. Haben Sie die Anmerkungen versehentlich beibehalten, so können Sie diese später in der Ansicht Normal wie gewöhnliche Zeichnungselemente löschen.

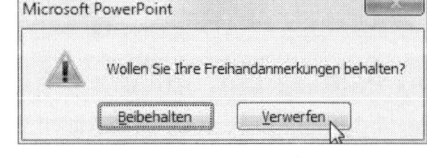

Hinweis: Der Stift steht nur zur Verfügung, wenn PRÄSENTATION DURCH EINEN REDNER (VOLLE BILDSCHIRMGRÖßE) ausgewählt wurde!

Navigation über
Folientitel

Menü öffnen

Das Symbol neben dem Stift öffnet ein Menü, über das Sie weitere Befehle aufrufen können. GEHE ZU FOLIE zeigt eine Liste aller Folientitel an und erlaubt so die schnelle Auswahl einer bestimmten Folie.

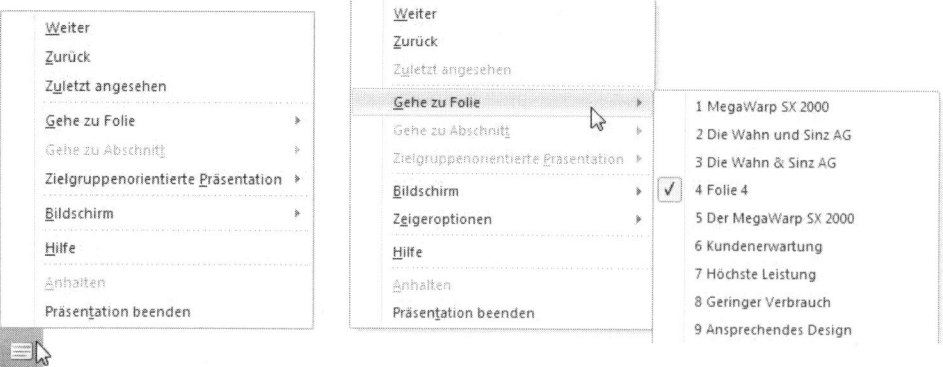

Kontextmenü während
der Präsentation

Tipp: Dieses Menü erscheint auch als Kontextmenü, wenn Sie während der Bildschirmpräsentation mit der rechten Maustaste an eine beliebige Stelle klicken.

9.2.   Präsentation drucken

Zum Drucken einer PowerPoint-Präsentation stehen Ihnen verschiedene Möglichkeiten zur Auswahl. Sie können Folien, Handzettel, Gliederung und Notizenseiten drucken. Zur Auswahl der verschiedenen Druckoptionen klicken Sie im Register DATEI auf DRUCKEN.

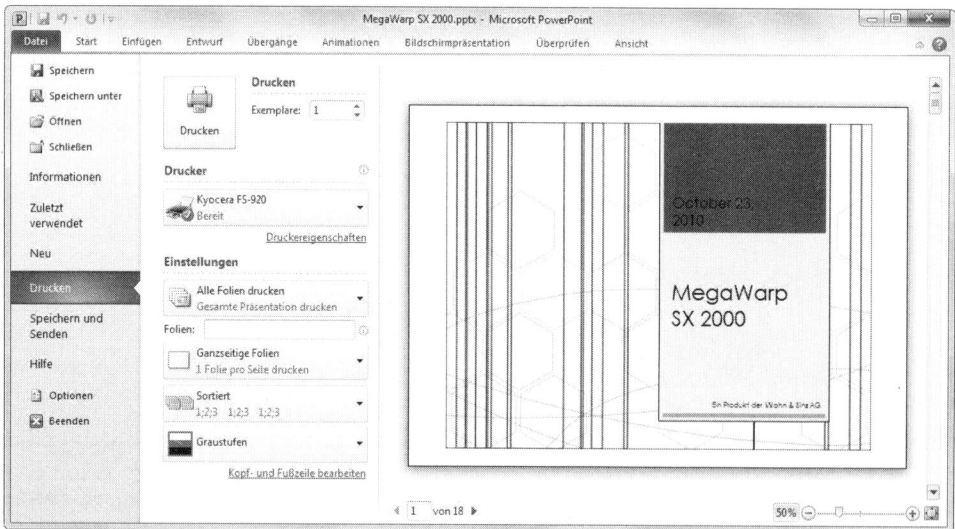

In welcher Form soll die Präsentation gedruckt werden?

Standardmäßig wird beim Drucken jede Folie auf eine eigene Seite gedruckt (Ganzseitige Folien). Um diese Einstellung zu ändern und gleich mehrere Folien auf einer Druckseite zusammenzufassen (Handzettel) oder die Gliederung zu drucken, klicken Sie im Bereich EINSTELLUNGEN auf die Schaltfläche GANZSEITIGE FOLIEN.

Ganzseitig gedruckte Folien können Sie mit dem Befehl AUF SEITENFORMAT SKALIE-REN an die Größe der Druckseite anpassen, ev. auch noch mit einem Rahmen versehen und mit höherer Qualität drucken.

Handzettel

Mit der Auswahl HANDZETTEL werden gleich mehrere verkleinerte Folien auf einer Seite gedruckt, klicken Sie auf die gewünschte Anzahl und Anordnung.

Tipp: Wählen Sie Handzettel mit 3 Folien, so werden auch noch Linien für handschriftliche Notizen daneben gedruckt.

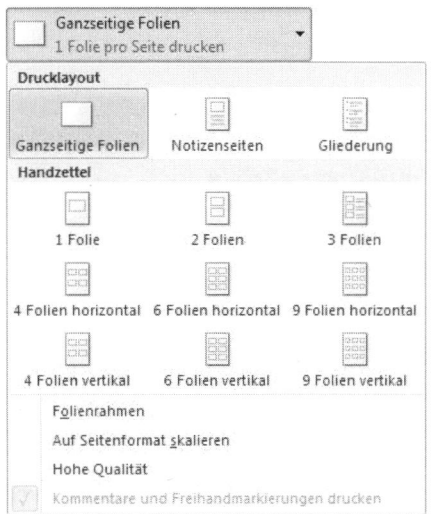

Notizen und Gliederung

Die Auswahl Notizenseiten druckt Ihre Notizen zusammen mit der jeweiligen Folie aus. Mit Gliederung drucken Sie ausschließlich die Gliederung der Präsentation, Grafiken, Bilder, Tabellen und sonstige grafische Elemente werden nicht berücksichtigt.

Hochformat oder Querformat wählen

Wenn Sie als Druckform Notizenseiten, Handzettel oder Gliederung gewählt haben, dann können Sie zwischen Hochformat und Querformat wählen.

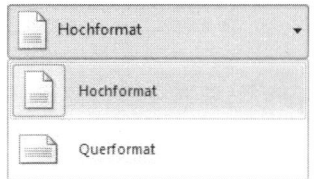

Druckoptionen

Druckbereich festlegen

Möchten Sie nicht alle, sondern nur bestimmte Folien drucken, dann verwenden Sie hierzu das Dropdownfeld ALLE FOLIEN DRUCKEN und wählen Sie die gewünschte Einstellung. Sie können auch die Nummern der zu druckenden Folien entweder zusammen mit Semikolon (z.B. 1;2;5) und/ oder Bindestrich (7-10) im zugehörigen Eingabefeld FOLIEN eingeben.

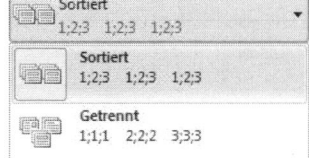

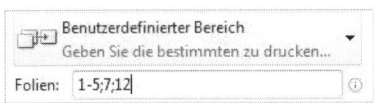

Folien sortieren

Wenn Sie mehrere Exemplare Ihrer Präsentation drucken möchten, dann können Sie die Sortierung festlegen.

Farbe/ Graustufen

Um Druckkosten zu sparen bzw. die Druckge-schwindigkeit zu erhöhen, können Sie veranlassen, dass die Präsentation nicht in Farbe, sondern in Graustufen oder in reinem Schwarzweiß gedruckt wird.

Kopf- und Fußzeile

Mit dem Link KOPF- UND FUßZEILE BEARBEITEN wechseln Sie zum Dialogfenster KOPF- UND FUßZEILE, das Sie bereits in Kapitel 4.6 kennen gelernt haben. Wählen Sie das Register NOTIZBLÄTTER UND HANDZETTEL.

Master für Ausdrucke verwenden

Siehe Lektion 8, Folienmaster

Das Aussehen von Notizenseiten und Handzetteln kön-nen Sie auch mit Hilfe einer Vorlage, des so genannten Masters, steuern. Wechseln Sie dazu zum Register AN-SICHT und rufen Sie den HANDZETTELMASTER oder NOTI-ZENMASTER auf.

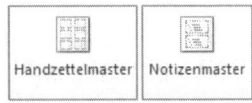

Druckvorschau

Vor dem Drucken sollten Sie das Ergebnis in der Vorschau kontrollieren. Hierzu sehen Sie im rechten Bereich des Registers DATEI eine Vorschau auf das Drucker-gebnis. Mit den Schaltflächen unterhalb der Vorschau wechseln Sie zur nächsten Folie und passen den Zoomfaktor an. Mit dem Symbol AUF SEITE ZOOMEN wird dieser so angepasst, dass eine Seite komplett angezeigt wird.

Drucker auswählen

Drucken

Soll die Präsentation mit einem anderen als dem Standarddrucker gedruckt werden, dann wählen Sie den Drucker über diese Schaltflä-che aus.

Mit einem Mausklick auf die Schaltfläche DRUCKEN starten Sie den Ausdruck.

Präsentation mit Microsoft Word bearbeiten

Wenn auf Ihrem Computer das Textverarbei-tungsprogramm Microsoft Word installiert ist, dann ist für eine Veröffentlichung auch die Weiterbearbeitung mit Word möglich. Klicken Sie dazu im Register DATEI auf den Befehl SPEICHERN UND SENDEN und wählen Sie unter DATEITYPEN den Befehl HANDZETTEL ERSTELLEN. Klicken Sie nun im rechten Be-reich auf die Schaltfläche HANDZETTEL ER-STELLEN.

Es erscheint ein Dialogfenster in dem Sie das gewünschte Seitenlayout des Word-Dokuments wählen.

Geben Sie außerdem an, ob die Folien in das Word-Dokument als Kopie eingefügt werden sollen oder ob Sie eine Verknüpfung erstellen wollen.

Mit der Schaltfläche OK wird Word mit einem neuen Dokument geöffnet. Die Handzettel sind in einer Tabelle angeordnet und Sie können weitere Anmerkungen hinzufügen.

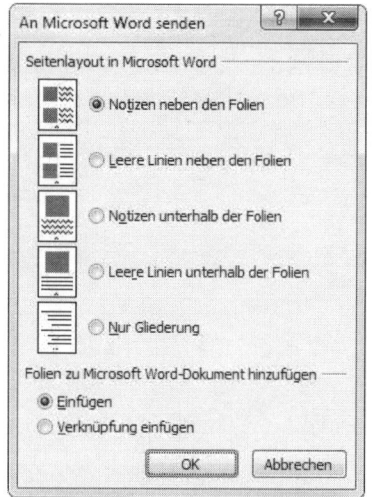

Wählen Sie ein Seitenlayout

9.3. Präsentation kopieren

Nicht immer wird eine Präsentation auch auf dem Computer vorgeführt, mit dem sie erstellt wurde. Daher sollten Sie beim Brennen einer Präsentation auf CD oder einen anderen Datenträger oder beim Kopieren auf einen anderen PC immer auch verknüpfte Dateien berücksichtigen. Am einfachsten ist es, wenn sich alle verknüpften Dateien im Präsentationsordner befinden, in diesem Fall kann der Ordner problemlos kopiert werden, die Verknüpfungen werden auch auf einem anderen Computer gefunden.

Achten Sie auf verknüpfte Dateien

Verpacken auf CD
Am einfachsten verwenden Sie zum Kopieren einer Präsentation die Funktion VERPACKEN AUF CD, Sie können diesen Befehl auch benutzen, wenn Sie die Präsentation ins lokale Netzwerk oder auf einen anderen Datenträger, beispielsweise USB-Stick kopieren wollen.

Verpacken für CD und andere Speicherorte

So gehen Sie vor:
1. Öffnen Sie die Präsentation, die Sie kopieren möchten bzw. speichern Sie Ihre letzten Änderungen. Klicken Sie dann im Register DATEI auf SPEICHERN UND SENDEN und unter DATEITYPEN auf den Befehl BILDSCHIRMPRÄSENTATION FÜR CD VERPACKEN. Im rechten Bereich klicken Sie nun nochmals auf die Schaltfläche VERPACKEN FÜR CD. PowerPoint öffnet das Dialogfenster VERPACKEN FÜR CD.

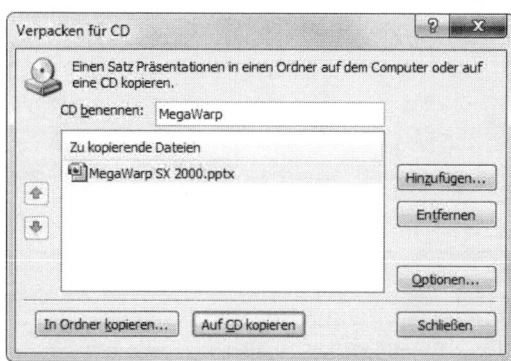

2. Geben Sie einen Namen für die CD an und klicken Sie auf die Schaltfläche OPTIONEN, um die Einstellungen zu kontrollieren, bzw. zu ändern.

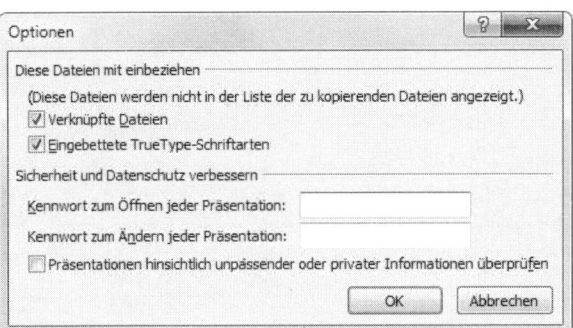

Dateien einbeziehen

Mit Kennwort schützen

Private Informationen

3. Wählen Sie aus, welche Dateien zusätzlich mit einbezogen werden sollen, verknüpfte Dateien werden standardmäßig berücksichtigt. Je nach verwendeter Schriftart kann es auch sinnvoll sein, dass Sie eingebettete Schriftarten mit einbeziehen. Als weitere Option können Sie Ihre Präsentation mit einem Kennwort zum Öffnen oder Ändern schützen. Bei der Weitergabe sollten Sie die Präsentation auch auf private Informationen, wie beispielsweise Name und Name des Unternehmens überprüfen.

4. Wenn Sie die Präsentation auf CD brennen wollen, dann klicken Sie anschließend auf die Schaltfläche AUF CD KOPIEREN, hierfür sollte ein beschreibbarer CD-Rohling im CD-Laufwerk liegen. Wenn Sie die Präsentation auf einen anderen Datenträger kopieren wollen, dann verwenden Sie die Schaltfläche IN ORDNER KOPIEREN... und geben anschließend einen Ordnernamen und den Speicherort an.

PowerPoint Viewer

Verwenden Sie PowerPoint Viewer wenn PowerPoint nicht installiert ist

PowerPoint Viewer erlaubt das Vorführen einer Bildschirmpräsentation auch auf einem Computer, auf dem PowerPoint nicht installiert ist. Im Gegensatz zu früheren Versionen wurde PowerPoint Viewer bereits standardmäßig zusammen mit PowerPoint installiert und kann beim Brennen einer CD hinzugefügt werden.

Video erstellen

Wenn die Präsentation automatische Zeitabläufe enthält oder wenn Sie die Präsentation per E-Mail weitergeben möchten, dann kann es sinnvoll sein, die Präsentation als Video abzuspeichern. Beachten Sie aber, dass Sie bei der Wiedergabe des Videos abhängig sind von den zuvor gemessenen Ablaufzeiten und die schnelle Navigation innerhalb des Videos, beispielsweise zur vorherigen Folie unter Umständen schwierig sein kann.

Um ein Video zu erstellen, klicken Sie im Register DATEI auf SPEICHERN UND Senden und klicken unter DATEITYPEN auf VIDEO ERSTELLEN. Im rechten Bereich können Sie die Videoqualität sowie die verwendeten Zeitabläufe auswählen. Bestätigen Sie dann mit der Schaltfläche VIDEO ERSTELLEN. Der Vorgang kann, abhängig von der gewählten Qualität sowie der Geschwindigkeit Ihres Computers, einige Zeit in Anspruch nehmen.

9.4. Präsentation in einem anderen Format einrichten

Präsentationsformat

Overheadfolien und Dias

Standardmäßig erstellen Sie mit PowerPoint Bildschirmpräsentationen, die auf einem Computer vorgeführt werden. Wenn Sie für eine Präsentation ein abweichendes Format, beispielsweise Overheadfolien oder Dias benötigen, dann wechseln Sie in das Register ENTWURF und verwenden die Schaltflächen in der Gruppe SEITE EINRICHTEN. Mit der Schaltfläche FOLIENAUSRICHTUNG wechseln Sie zwischen Hoch- und Querformat, weitere Einstellungen können Sie im

Dialogfenster SEITE EINRICHTEN vornehmen, das Sie über die gleichnamige Schaltfläche öffnen.

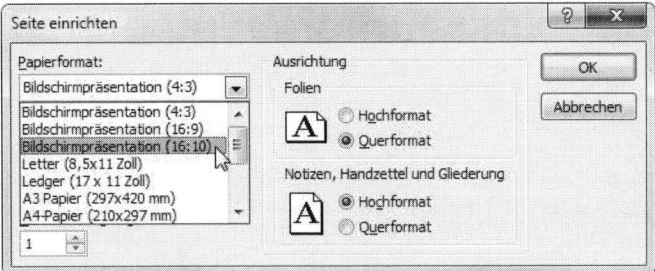

Das Dialogfenster SEITE EINRICHTEN erlaubt eine Auswahl unter verschiedenen Papierformaten, unter anderem auch Overheadfolien und Dias sowie verschiedene Formate für Bildschirmpräsentationen.

9.5. Zusammenfassung

- Während der Vorführung einer Präsentation stellt PowerPoint verschiedene Hilfsmittel zur Verfügung. So können Sie mit Hilfe der Tastatur zwischen den Folien navigieren oder bei Bedarf eine leere Folie einblenden. Weiter stehen Ihnen verschiedene Stiftarten zur Verfügung, die Sie beispielsweise zur Unterstreichung verwenden können. Freihandanmerkungen verschwinden beim Wechsel zur nächsten Folie.

- Eine zielgruppenorientierte Präsentation ist eine Zusammenstellung bestimmter Folien, wenn Sie die Präsentation unterschiedlichen Zuhörergruppen vorführen wollen. Mit PowerPoint lassen sich nicht nur Bildschirmpräsentationen, sondern auch andere Präsentationsformate erstellen.

- Beim Drucken einer Präsentation können Sie wählen zwischen Folien, Handzetteln, Notizen und der Gliederung. In jedem Fall sollten Sie vor dem Drucken das Ergebnis in der Druckvorschau kontrollieren und eventuell ändern. Wenn Microsoft Word auf dem Computer installiert ist, dann ist auch eine weitere Bearbeitung mit Word möglich.

- Bei der Weitergabe, bzw. beim Kopieren einer Bildschirmpräsentation müssen Sie auch verknüpfte Dateien berücksichtigen. Dabei unterstützt Sie die Funktion VERPACKEN FÜR CD, die Sie im Register DATEI unter dem Befehl SPEICHERN UND SENDEN finden. Damit die Präsentation auch auf einem Computer vorgeführt werden kann, auf dem PowerPoint nicht installiert ist, wird standardmäßig noch PowerPoint Viewer hinzugefügt.

Bemerkungen:

_____

_____

_____

10. Allgemeine Tipps für Gestaltung und Aufbau von Bildschirmpräsentationen

Eine Präsentation soll in erster Line Inhalte anschaulich vermitteln und nicht dazu dienen, die vielfältigen Möglichkeiten von PowerPoint zu demonstrieren!

Layout und Farben

- Weniger ist mehr: Lassen Sie Platz zwischen den Absätzen, ein ansprechendes Layout lässt ca. 30% der Folie leer.

- Achten Sie bei der Auswahl von Schriftarten auf gute Lesbarkeit und vermeiden Sie verschnörkelte Zierschriften.

- Beschränken Sie sich auf maximal zwei verschiedene Schriftarten (Firmenlogo nicht eingerechnet), keine Schrift sollte kleiner als 16pt. sein.

- Hintergründe sollten nicht dominieren, die Textfarbe soll sich deutlich vom Hintergrund abheben.

- Verwenden Sie Farben sparsam. So erzielen Sie stärkere Effekte und vermeiden den Eindruck "bunter" Folien.

- Mit Hilfe von Farben können Sie Beziehungen zwischen Informationen veranschaulichen, eine bestimmte Aussage transportieren und Informationen oder Gegensätze hervorheben. So kann beispielsweise Text oder ein Objekt in roter Farbe eine andere Aussage vermitteln, als ein Objekt in blauer Farbe.

- Untersuchungen zufolge sind etwa 5 bis 8% aller Männer farbenblind, meist in Form einer verminderten Wahrnehmung von roten und grünen Farbtönen. Sie sollten daher diese Farbtöne nicht verwenden, um Kontraste hervorzuheben.

Textgestaltung

- Verwenden Sie kurze, aussagekräftige Texte, etwa fünf Wörter pro Absatz und fünf Zeilen je Folie sind genug.

- Achten Sie auf eine übersichtliche Gestaltung der Texte mit Aufzählungszeichen und Gliederungen.

- Beziehen Sie den Inhalt der Folien in Ihren Vortrag ein, aber lesen Sie den Text nicht vor!

Grafik und Animationen

- Visualisieren Sie mit Grafik, Bildern und Diagrammen. Buchstaben und Zahlen sind abstrakt – Bilder werden wesentlich schneller registriert.

- Vorsicht beim Einsatz von Animationen und Soundeffekten. Animierte Texte und Grafiken sollen nicht vom Inhalt der Präsentation ablenken.

- Wenn Sie Ihre Aussagen nacheinander einblenden, vermeiden Sie ein Mitlesen während der Präsentation.

Und noch ein Tipp: Durch die Projektion mittels Beamer können Farben, insbesondere Gelb- und Rottöne etwas anders erscheinen. Testen Sie daher nach Möglichkeit vorab Ihre Präsentation auch mit Beamer.

11. Glossar

Animation	PowerPoint verfügt über eine Reihe von Effekten mit denen Sie Folienübergänge gestalten können oder einzelne Folienelemente ein- und ausblenden können.
AutoKorrektur	Im Gegensatz zur Rechtschreibprüfung korrigiert die Autokorrektur automatisch während der Eingabe und wandelt beispielsweise den ersten Buchstaben am Beginn eines Satzes oder Absatzes in einen Großbuchstaben um. Sie können die Autokorrektur rückgängig machen oder deaktivieren.
Automatischer Zeilenumbruch	Passt während der Texteingabe ein Wort nicht vollständig in eine Zeile oder Tabellenspalte, so erfolgt ein automatischer Zeilenumbruch.
ClipArt	Die ClipArt Sammlung umfasst kleine Grafiken, Fotos und Media-Dateien und ist als fester Bestandteil von Microsoft Office auf Ihrem Computer installiert. Weitere ClipArts sind über das Internet verfügbar.
Cursor	Der Cursor wird auch als Einfügemarke oder Schreibmarke bezeichnet und markiert die aktuelle Position. Alle Eingaben und nachträglichen Änderungen erfolgen immer an der Stelle, an der sich der Cursor gerade befindet.
Datenpunkt	Als Datenpunkt wird ein einzelner Wert in einem Diagramm bezeichnet.
Datenreihe	Ein Diagramm kann Werte aus mehreren Zeilen oder Spalten einer Tabelle darstellen. Jede Zeile oder Spalte bildet eine Datenreihe.
Design	Ein Design ist eine Zusammenstellung von Formatierungen, Farben und Folienhintergrund und wird bei der Erstellung einer Präsentation verwendet, um allen Folien ein einheitliches Aussehen zu geben.
Duplizieren	Mit Duplizieren (Strg+D) stellt PowerPoint eine schnelle Methode zur Verfügung, um Elemente zu vervielfältigen. Im Gegensatz zur Verwendung der Zwischenablage werden duplizierte Elemente anschließend sofort wieder in die Folie eingefügt.
Folie	Eine Folie stellt das grundlegende Element einer PowerPoint-Präsentation dar. Eine Präsentation besteht aus mehreren Folien, die beliebig hinzugefügt, gelöscht und sortiert werden können.
Folienlayout	Das Folienlayout steuert das Aussehen jeder einzelnen Folie und legt Größe und Position von Text und anderen Folienelementen fest. Die meisten Folienlayouts enthalten Platzhalterfelder, in die Sie nur noch Text, Grafik, Tabellen oder Diagramme einfügen brauchen.
Folienmaster	Der Folienmaster ist eine Vorlage für die Formatierung aller Folien einer Präsentation. Änderungen am Folienmaster wirken sich auf alle Folien aus.
GIF	Graphics Interchange Format, ein häufig verwendetes komprimiertes Dateiformat für Grafikdateien.
Handzettel	In Handzetteln werden mehrere, meist zwei bis sechs Folien auf einer einzigen A4 Druckseite verkleinert gedruckt.
Hyperlink (Link)	Hyperlinks, auch kurz als Links bezeichnet, sind Verknüpfungen zu Webseiten, anderen Dateien oder bestimmten Folien in der Präsentation.

Manueller Zeilenumbruch	Ein manueller Zeilenumbruch mit den Tasten Umschalt (Shift)+ Eingabe-Taste beginnt eine neue Zeile, beendet aber nicht den Absatz.
Masterlayout	Das Masterlayout legt ein Folienlayout fest, das beim Einfügen einer neuen Folie ausgewählt werden kann.
Microsoft Excel	Microsoft Excel gehört zu den Office-Anwendungen und ist ein weit verbreitetes Tabellenkalkulationsprogramm, mit dem Berechnungen durchgeführt, größere Datenmengen verwaltet und Diagramme erstellt werden können.
Notizen	In der Ansicht Normal steht Ihnen ein gesonderter Notizenbereich zur Verfügung, in dem Sie Anmerkungen zu jeder Folie eingeben und speichern können. Die Notizen können später auch gedruckt werden.
Objekte	PowerPoint bezeichnet alle Elemente einer Folie als Objekte. Dies können Platzhalter, bzw. Textfelder sein, aber auch Grafiken, Diagramme oder Zeichnungselemente. Die Bearbeitung und Formatierung der Objekte unterscheidet sich nur geringfügig.
OLE	**O**bject **L**inking and **E**mbedding ist eine Methode, um Objekte aus anderen Anwendungsprogrammen, insbesondere Microsoft Word oder Excel in eine PowerPoint-Präsentation einzufügen. Die Bearbeitung eingebetteter und verknüpfter Objekte erfolgt immer mit der jeweiligen Anwendung. Eingebettete Objekte werden zusammen mit der PowerPoint-Präsentation gespeichert, bei verknüpften Dateien wird nur der Suchpfad in der Präsentation gespeichert.
PDF-Dateiformat	Das PDF-Dateiformat (Portable Document File) erfordert zum Lesen und Öffnen nur den kostenlos erhältlichen Adobe Reader und kann auf jedem Computer geöffnet werden. Eine PDF-Datei zeigt Formatierungen und Grafiken so an, wie sie auf dem Ausdruck erscheinen.
Punkt (pt)	Punkt ist eine typografische Maßeinheit, in der Maße wie Schriftgrad (Schriftgröße) oder Abstände angegeben werden. 1 Punkt entspricht etwa 0,35 mm.
Raster	Beim Einfügen und Verschieben von Objekten werden diese standardmäßig an einem, meist unsichtbaren Raster ausgerichtet. Sie können das Raster als Hilfsmittel zur Ausrichtung einblenden, bzw. die Rasterabstände ändern.
Register	Das Menüband von PowerPoint 2007 fasst Befehlsschaltflächen für verschiedene Aufgabenbereiche in Gruppen zusammen. Jede Gruppe kann schnell über das Register, vergleichbar einer Kartei, durch Anklicken mit der Maus aufgerufen werden.
RGB Farbmodell	Das RGB–Farbmodell stellt eine Farbe durch Zahlenwerte für jede der drei Farben (Rot, Grün, Blau) dar. Die Zahlen zwischen 0 und 255 geben die Intensität der Farbe an.
Serifen	Als Serife (franz. Füßchen) bezeichnet man die feinen Linien, die bei manchen Schriftarten einen Buchstabenstrich am Ende quer zu seiner Grundrichtung abschließen, dadurch soll eine bessere Lesbarkeit der Schrift erreicht werden. Viele bevorzugen deshalb eine Serifenschriftart in Präsentationen. Eine der bekanntesten Serifenschriftarten ist Times New Roman.
SmartArt	Als SmartArt-Grafik bezeichnet PowerPoint 2010 eine Sammlung von grafischen Layouts zur visuellen Darstellung von Textinformationen, die anstelle von Platzhaltern oder Textfeldern verwendet werden können.
Smarttags	Als Smarttags werden kleine Symbole bezeichnet, die nach bestimmten Aktionen erscheinen und verschiedene Optionen anbieten.

Textfeld	Zur Texteingabe in eine Folie benötigen Sie ein Textfeld. Die meisten Folienlayouts verfügen bereits über Platzhalter, die Sie zur Texteingabe benutzen können. Textfelder sind meist für zusätzliche Beschriftungen erforderlich.
Verbindungen	Mit Verbindungen lassen sich schnell mehrere Zeichnungsobjekte über Linien miteinander verbinden. Verbindungslinien sind am Zeichnungsobjekt verankert, beim nachträglichen Verschieben des Zeichnungsobjekts bleibt die Verbindung erhalten.
XML	"Extensible Markup Language", eine Auszeichnungssprache zur Darstellung hierarchisch strukturierter Daten in Form von Textdateien. XML ist vor allem für den Datenaustausch von Bedeutung.
Zwischenablage	Die Zwischenablage speichert ausgeschnittene oder kopierte Elemente. Diese können anschließend beliebig oft wieder eingefügt werden. Die Zwischenablage kann auch zum Datenaustausch zwischen verschiedenen Dokumenten oder Anwendungen verwendet werden.

12. Stichwortverzeichnis

T

Tabelle

V

W

Z

13. Anhang: Tastatur

Deutsche Computer-Tastatur: Schreibmaschinentasten und Sondertasten

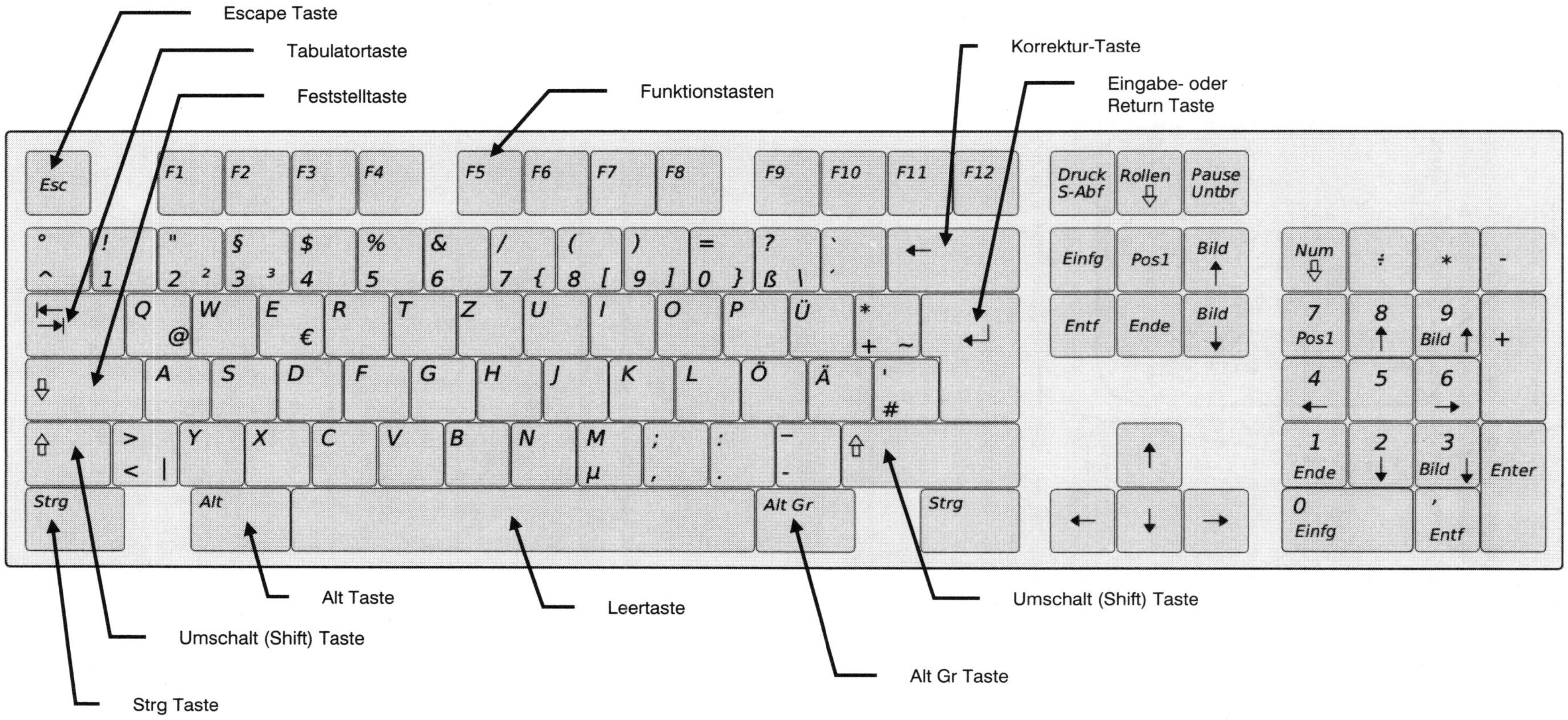

Zeilenanfang

Bildschirmseite nach oben

Schaltet den Ziffernblock ein und aus

Einfügen
engl. INS (Insert)

Entfernen (Löschen)
engl. DEL (Delete)

Zeilenende

Cursor – oder
Pfeil Tasten

Bildschirmseite nach unten

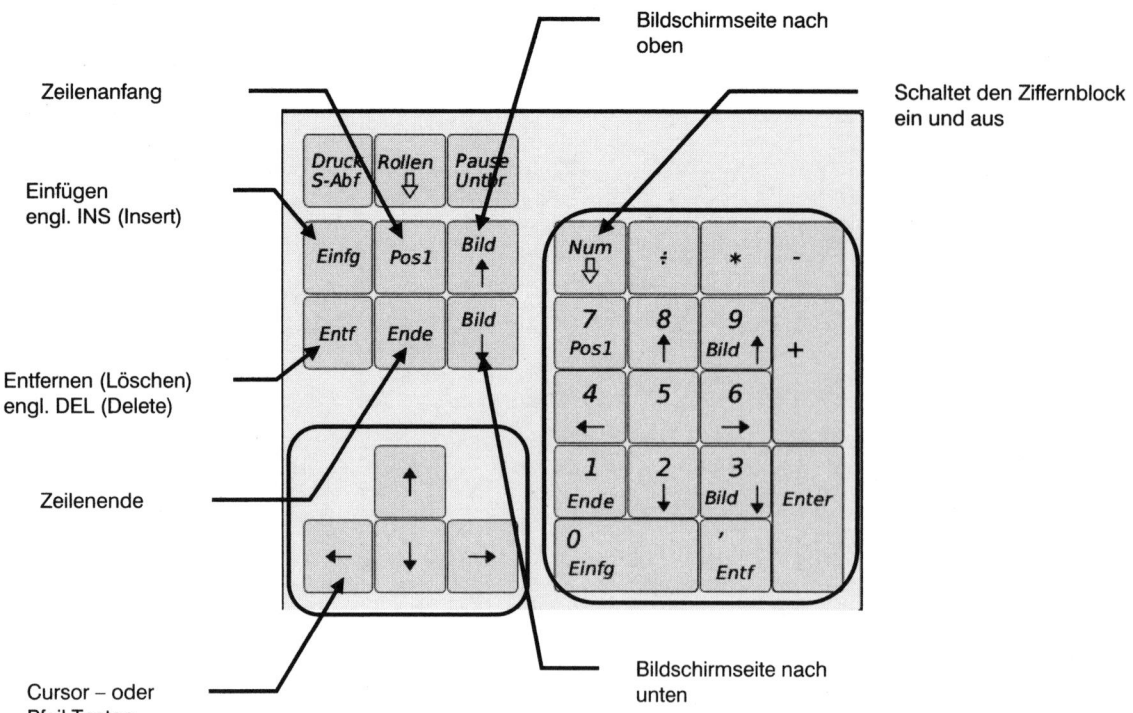

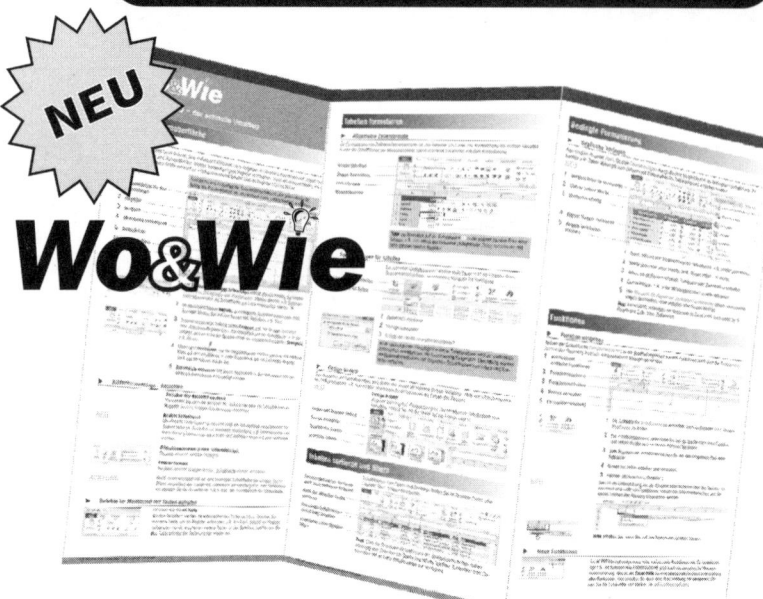